独居の人たちの
お一人さま安心計画ノート

終活コンサルタント **田代尚嗣** 著

産学社

目 次

はじめに ……………………………………………………………………… 3

■1章 お一人さまにはどのような備えが必要か ……………… 11
1　契約で結ばれた法的、そして精神的な絆が必要です ……… 11
2　「備え」のためのさまざまな契約 ………………………………… 14
3　「死後」への備えの法的根拠 ……………………………………… 26
4　「施設入居や入院」への備えの注意点 ………………………… 35
5　「終末医療」へのあり方は変わってきました ………………… 38
6　「死後事務と相続」への備え ……………………………………… 43

■2章 「備え」への具体例 ………………………………………………… 47
1　具体的支援内容とその費用 ……………………………………… 50
2　より詳しい具体的支援内容とその費用 ……………………… 51
3　費用の内の「預託金」について …………………………………… 56
4　「備え」への根本的勘違い ………………………………………… 63

■3章 「お一人さま」のための安心計画の契約準備 …………… 66

■4章 「○○の会」お一人さまのための安心計画──具体的指示 …… 89
1　安心サービス（身元保証・葬送支援） ………………………… 90
2　生活支援サービス ………………………………………………… 95
3　書類等預かりサービス …………………………………………… 96
4　その他の会本部での預かり物 …………………………………… 96
5　特記事項 ……………………………………………………………… 96

■5章 「○○の会」お一人さまのための安心計画──契約書 …… 101
1　任意後見契約公正証書 …………………………………………… 104
2　継続的見守り契約公正証書 ……………………………………… 110
3　財産管理等委任契約公正証書 …………………………………… 113
4　死後事務委任契約公正証書 ……………………………………… 117
5　尊厳死宣言公正証書 ……………………………………………… 121
6　遺言公正証書 ……………………………………………………… 124

カバー・本文イラスト＝横井智美

はじめに

　本書は、法的にも日常生活上においても、「お一人さま」が安心して生きていくために、トラブルのない、安全で比較的簡便な具体的な方法を、極力わかりやすくお教えするものです。

　最近の新聞や雑誌を見ていますと、「高齢者の財産、上手に管理」「高齢者見守りサービス」「高齢者向け住居、どう選ぶ」「後見人や保佐人確保を」「高齢化社会と個人貯蓄」「『お一人さま』に保証人の壁」「無縁の先にあるもの」などと、高齢者に関する記事に出合わない日がないくらいです。
　確かに、高齢者問題は現在及び将来にわたり大きな問題をはらんでいることは事実です。
　その中でも、独居高齢者（お一人さま）の場合はそれに輪をかけて深刻な問題を含んでいます。
　内閣府調査によれば、2016年10月における65歳以上の高齢者の数は3,459万人で総人口に占める割合は27.3％、また2015年における独居高齢者は592万人に達しています。原因の主な理由は同居率の減少です。

　1980年　子どもとの同居率………約70％
　2015年　子どもとの同居率………39％

ただし、お一人さまを含めた高齢者全体を対象とした2015年版『高齢社会白書』によれば、孤独死を身近に感じるかについては、次のようになっています。

「とても感じる」…45.5%
「まぁ感じる」……30.1%

お一人さまに限らず、40％以上の高齢者が孤独死を身近に感じながら生きていることがわかります。少子高齢化と核家族化は身寄りのない高齢者を増やし、さらには親子が遠く離れて暮らす例も増えてきた結果、「めったに顔を合わせない子どもに面倒をかけたくない」と考える人の数も増えてきたのでしょう。

これまでの家族が中心だったセーフティネットが崩れつつあるのです。 その結果、安心して「死」さえ迎えることができない高齢者の姿が浮き彫りになってきたのです。

我が国の歴史上、経験したことのないこのような事態に対して、内閣府は身元保証等高齢者サポート事業に関する消費者問題についての調査報告を出し、その中で、「身元保証や日常生活支援、死後

事務等に関するサービス」の需要は今後一層、高まっていくものと考えられる」（内閣府消費者委員会　2017年1月）として、国をあげての取り組みが始まりました。

　このきっかけとなったのは、2016年に起きた公益財団法人日本ライフ協会の問題です。

　このようなサービス支援事業者でも大手と見られていた日本ライフ協会が、利用者がサービスの提供を受けるために預託していた金銭を他の事業等に不正に流用していたことが発覚したのです。結果、同協会は公益社団法人及び公益財団法人の認定を取り消されるという事態が生じたのです。

　これを受けて、内閣府は「どのような事業者が主体となり、どのようなサービスが提供されているのかを把握し、指導監督する仕組みは整備されておらず……」として、「身元保証等高齢者サポート事業に関する消費者問題について調査し、必要な対策について検討する」そして、そのための建議[※1]を発しています。

　今日においては、もうすでに高齢者福祉がどうのこうのといって、ありもしない迂遠（うえん）な抽象論などを論じているときではないのです。**待ったなし！**　です。これからは「現状のあり方」を前提として必要な対策[※2]が国によって検討されていくことでしょう。

　また、将来的にもこの問題は長く尾を引きそうです。なぜなら、生涯未婚率（50歳時点）では男性23.4％、女性14.1％となっていて、男性の3割、女性の2割が生涯未婚となると予測されているから

コラム

　2015年国勢調査によると、生涯未婚率は1990年代以後、男女とも急上昇。女性の社会進出が進んだこと、非正規労働で結婚生活を送るのに十分な賃金が得られていない人が増えたことが影響しているのでしょう。

　ひとり暮らしの世帯は1,684万世帯で全世帯の32.5％。夫婦などの2人世帯（28.0％）や夫婦、子どもの3人世帯（18.3％）を上回り、今や"標準世帯"と言っていいでしょう。

　このことを背景として、今日ではカウンターの席に1つずつのコンロを置く焼肉店、洗濯や掃除といった家事代行サービスの単身者プランなど「お一人さま」向けの商品・サービスも増えてきました。

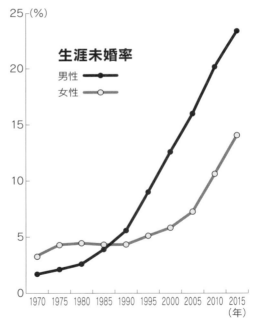

生涯未婚率

です（2015年国勢調査）。

　この『安心計画ノート』は独居高齢者に焦点を当てて述べていきますが、これらの**生涯未婚の方々にとっても、これからの人生を有意義に過ごすための決定打になる**ものと確信します。

　もう1つ「お一人さま」も含めた高齢者にとっての深刻な問題が横たわっています。

　認知症[※3]の問題です。今現在では、独居、家族との同居を合わせて認知症の人は500万人とされています。そして、団塊の世代全員が75歳以上になる2025年には高齢者が3,650万人になり、認知症の人が全国で最大730万人に達すると見込まれているのです。

　ご存じの通り、このような**認知症の人々を支援する日本における制度は「成年後見制度」**です。ところが、この唯一の制度さえこのままでは行き詰まりが見えているようです。

　今日、この制度の対象者である精神障害者、知的障害者、認知症の方々も含めて全体で860万人いますが、2015年末の時点で成年後見制度の利用者は19万件、つまり、全対象者の約2％にすぎないのです。さらに言えば、日本の法体系上やむを得ないことかもしれませんが、この制度自体にも人間的な配慮が欠けている点があることです。

　どういうことかと言いますと、成年後見制度は、被後見人の死とともに終結するのです。つまり、**後見人がそれ以後（死後）の行為**

をなすことは違法行為なのです。ですから、被後見人の葬儀を後見人が執り行うことはできないのです。

この点については国も気づき、2016年10月13日から「成年後見の**事務**の円滑化を図るための民法及び家事事件手続法の一部を改正する法律」が施行され、それまでできなかった後見人が「火葬」と「埋葬」だけはできるようになりました。

しかし、「葬儀自体」を執り行う権限は認められていないのです。

つまり、後見人が葬儀を執り行う場合は、費用負担も含めて後見人の善意に委ねられているのです。

ですから、**被後見人にどんなに預貯金があってもそのお金で葬儀することはできません。**

なぜなら、葬儀は「事務」ではないからです。

一般に「死後事務」と呼ばれているものには相続、遺品整理、名義変更(車や不動産)、抹消手続き(健康保険や年金など)、支払い(電気・ガス・水道など)があります。

先述しましたように、被後見人の死と同時に終結する後見契約での後見人は、当然のことながらこれらにタッチは

できません。

さらには、成年後見契約者自体が全対象者の2%という現状の中では「お一人さま」の問題はさらに深刻さを増していきます。つまり、この支援事業者のポイントとなるものは、信頼できる弁護士法人と提携関係にあるか否かにかかっているようです。なぜなら、法的手続きについてはもちろん、実際の後見人にもその法人所属の主に司法書士の方々が担当してくれるからです。

このようにして、後見人が決まった以上、どのような支援者も支援行為は後見人以外一切できなくなります。

高齢者の中の「お一人さま」の支援については、このような死後事務に限らず、存命中の預貯金の管理から始まって日常生活での身上監護、さらには身元保証の問題など多岐にわたります。

つまり、このような**「お一人さま」は特別な終活が必要**なのです。「特別」という意味は、それらを第三者に託して、生前に自分にとって必要と思える契約をしておくことを意味しています。

では、本題に移ることにしましょう。

※1　建議……身元保証等高齢者サポート事業に関する消費者問題についての建議
　我が国は、少子高齢化の進展により人口減少社会に突入しており、同時に、単身世帯の増加、親族の減少、あるいは近隣関係の希薄化といった状況がみられる。
　こうしたことを背景に、一人暮らしの高齢者等を対象とした、身元保証や日常生活支援、死後事務等に関するサービスを提供する新しい事業形態(本建議における「身元保証等高齢者サポート事業」)が生まれている。
　身元保証等高齢者サポート事業については、指導監督に当たる行政機関が必ずしも明確ではなく、利用者からの苦情相談についてもほとんど把握されていないのが

実情である。
　当委員会はこうした状況を踏まえ、身元保証等高齢者サポート事業に係る消費者被害の防止のために、消費者庁及び消費者委員会設置法（平成 21 年法律第 48 号）に基づき、内閣府特命担当大臣（消費者及び食品安全）、厚生労働大臣及び国土交通大臣に対し、次のとおり建議する。またこの建議への対応について、各大臣に対して、平成 29 年 7 月までにその実施状況の報告を求める。

※2　必要な対策……「お上（かみ）が決めて、決められなければ動けない、という体質の企業は終わる」という今日のビジネス状況を踏まえ、2017 年 5 月に開かれた未来投資会議で安倍首相は、たとえ規制があったとしても必要なら規制を一時凍結してでも前に進む「サンドボックス制度」を提唱。「お一人さま」問題についても今後、多少の試行錯誤があったとしてもいずれ最適なものになっていくことであろう。

※3　認知症……筆者はこの本の取材にあたり、6 事業所と 10 人の支援担当者の話を聞きました。これまでのマスコミの報道により、すべての認知症患者がいずれ重度化していくのだろうと思っていましたが、担当者全員が重度の認知症患者と出会ったことがないとのことでした。つまり、それほど少ないということです。客観性よりもイメージ優先の先進国の中でも、特異な存在の日本のマスコミのあり方に裏切られた瞬間でした。

1章 お一人さまにはどのような備えが必要か

1 | 契約で結ばれた法的、そして精神的な絆が必要です

　お一人さまは今日で約600万人、2025年で730万人、2035年で762万人に達すると予測されています。「多死社会」と言われる今日でも年間死者数は130万人（2015年）ですから、その数の多さには驚かされます。

　さらに言えば、この130万人の葬儀等に4,000の葬儀社、250の互助会、34万の僧侶（平成28年版宗教年鑑・文化庁）がかかわっています。矢野経済研究所（東京都中野区）によれば、葬祭ビジネス市場は近年1.7兆円で推移、としています。ですから、このことが意味する経済効果には目がくらむほどです。

　さて、このようなお一人さまには、家族と同居する高齢者と比較して、気がかりなことが多く存在します。一般論としては、次のような「4つの自立」が必要とよく言われます。

① 身体的自立……常日頃、足腰をきたえる。
② 経済的自立……毎月の支出平均、葬儀の費用などをキチンと認識しておく。
③ 生活的自立……掃除や洗濯、料理が自分でできる。

④　精神的自立……自分で判断し、自分で行動できる。例えば延命措置についても自分で決められる。

　このような自立を心がけ日々暮らしていたとしても、人間である以上、次のような具体的に必要なことはどうしても出てきます。
　亡くなったときに見つけてもらえない恐れがありますし、体が不自由になったときに支援してくれる人が身近にいないというケースです。そうなる前に身上監護者、あるいは任意代理契約者（または財産管理等の委任契約者）の指定が必要となってきます。
　そして、施設入居や入院するときに身元保証してくれる人、つまり身元保証人の確保も必要です。
　将来、判断能力が不十分になった場合に備えて、任意後見人の確保も必要でしょう。後見人とは、認知症などで判断能力が低下した人の生活を支援する人のことです。ちなみに、成年後見制度は2000年4月に介護保険制度とともに始まっています。
　加えて死後の届け出や葬儀の手続き、埋葬、遺品整理や相続の手続きなどをしてくれる人、つまり遺言執行者や死後事務委任契約者の確保も必要です。
　このように、自分が自立できなくなったとき、亡くなったときに、これらのことを任せられる人や団体を決めておくこと、また、任せられる関係を築いておくことがどうしても必要になってくるのです。
　将来、セーフティネットのために既存のさまざまな制度やしくみを利用するとしても、不安はぬぐえないでしょう。**そんな不安を取り除くには、知り合いの誰か、あるいはしかるべき団体との確固たる契約で結ばれた法的、そして精神的な絆が必要なのではないでしょうか。**

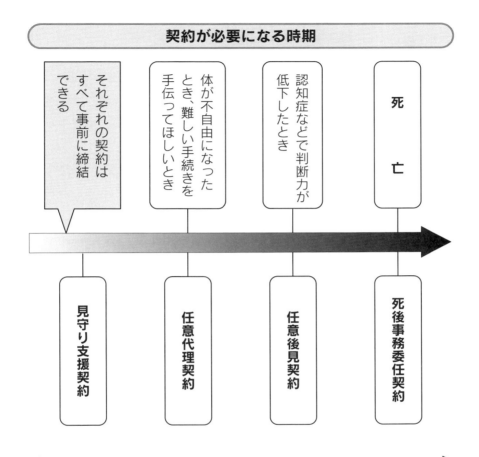

できれば一人の個人と、あるいは1つの団体を通して契約しておくと都合がよい。

　それは地縁、血縁、職縁に限りません。元気であるうちにそのような関係を築いておければ、一人暮らしの準備への大きな支えになるはずです。
　本書で述べたいことはこれにつきます。

2 │「備え」のためのさまざまな契約

　さて、もう少し今日の高齢者全体について概観しておきましょう。

　総務省によれば年金生活者（世帯）の月平均可処分所得は18万7,000円で、消費支出は24万6,000円となっています。よって、月に5万9,000円の赤字です。

　この結果、男65歳、女60歳を前提として、生活費の不足分を貯蓄でまかなおうとすると、配偶者の平均余命から計算してみると2,000万円強の貯蓄が必要となってきます。

　一方、内閣府の調査によれば高齢者世帯の平均貯蓄額は2,200万円となっていて安心圏内にあるとも言えます。ところがその分布状況が少し問題なのです。2,000万円を超える世帯が40％である一方で、500万円以下の人が20％強もいるのです。この結果、将来の暮らし向きの調査では、

　　心配ない……71％
　　非常に心配……6.6％

となり、現時点では多少の問題があったとしても、比較的平穏な状況と言ってもいいでしょう。なお、厚労省の国民生活基礎調査では高齢者世帯（1,221万世帯）の内、生活保護受給率は2014年度では、約7％（82万6,656世帯）となっています。うち単身世帯が90％に上っています。

　これまでお一人さまに必要と思える備えや、それに付随するいくつかの契約についても簡単に述べてきました。自分にとって必要と思える支援のためには、必要な契約を自らが選んで実施しなければならないことはおわかりになられたかと思います。

そして、これらの契約はすべて正常な判断力の下になされることが前提です。

つまり、**認知症になった後の契約は後見人が介在していない限り無効**となります。

それではここでこの本として統一的に使用する契約名とともに、その契約の意味内容について、より理解を深めるため図表を多用してまとめておきましょう。

① 見守り支援契約

警視庁によりますと、認知症やその疑いがある行方不明者の届け出は12,208人（2015年度）となっています。今後、高齢者の増加に伴い、行方不明者の数も増え、65歳以上の人の5人に一人は認知症になるだろうと予測されています。

つまり、**見守り支援とは日常の見守りや外出時の付き添いなどの契約のこと**です。誰かと、あるいはある団体と支援契約を結んでおくのもよいでしょうし、最初から任意後見契約（あるいは前段階の任意代理契約）を結び、後見人に支援してもらうのもよいでしょう。

一方、これに対して、社会でもこれらの人たちを見守るしくみ作りも始まっています。例えばGPS端末や徘徊感知装置（屋外に出たことなどを知らせる）の貸し出しや費用補助を行っている自治体もあります。これは介護保険で使うこともできます。

また、大企業でも先を見越して、手を打ち出しています。

イオンでは2020年までに認知症サポーターを8万人にしていくという目標を掲げて動き出していますし、セブンイレブンジャパンでは約360の自治体と見守り協定を結び、宅配時の見守りを実施しています。三井住友銀行では認知症サポーターがグループ全体で約1万人にもなっています。

② 財産管理契約

老後の生活資金、葬式費用、老人ホームなどへの入所費用、医療費等のためのお金（財産）を信託銀行やその他の機関に預託して管理してもらう契約です。この契約は「財産管理等の委任契約」より「任意後見契約移行型」を結んでおけば、さらに便利になります（17ページ表参照）。なぜなら、終末期の病院治療や、療養の場所は自宅なのか施設なのか、介護のあり方やケア等も含めて本人の希望するように事前に契約によって決めておくことができるからです。

本人の判断能力がなくなった後、家庭裁判所が決める「法定後見契約」では本人が決めることができず、このようなことはできません。契約後、認知症や意識障害になったとしても、事前に「任意後見契約」を結んでおけば、その延長線上で本人の希望通り執行できるのです。なぜなら、家裁が選んだ任意後見監督人が後見人を監督していくからという理由からです。

③ 任意後見契約

本人の意思がはっきりしているうちに、判断能力が低下したときに備えて、本人自ら、事前に任意後見人を決めておく契約です。

そして判断能力が低下したとき、本人、配偶者、4親等内の親族の一人が家庭裁判所に任意後見監督人選任を申し立てます。

任意後見契約を結ばずに、判断能力が低下した人の場合は法定後見となりますが、申立人は任意後見と同じですが、判断能力に応じて「後見人」「保佐人」「補助人」の3種類があり、いずれも本人の代わりに裁判所が選任し、生活状況に応じた支援（身上監護）をする義務があり、そのための法的権限が与えられています。

今日では任意後見、法定後見を含めて全対象者（精神障害者、知的障害者を含む）の2％しか結んでいないのは問題と言えるでしょ

う。
　なお、任意後見契約書は公正証書による契約であることが必要です。

公正証書による任意後見契約には3つの型がある

　契約内容をきちんとまもるための強力な手段の1つとして「公正証書」があります。どのようなときに、どのように公正証書を作成するとよいか、3つの型を紹介しておきましょう。

種　類	内　　容
①即効型	すでにかなり判断能力が衰え、後見人が必要な状況にある人が契約を結び、すぐに効力が発生するもの。
②将来型	まだ正常な判断があるうちに、任意後見契約を結んでおいて、将来必要になったら効力が発生するもの。
③移行型	「財産管理等の委任契約」と「任意後見契約」を1つにした内容で、時間的に途切れることなく本人（委任者）をサポートするもの。

　一般的に言えることは、人はまず身体的に不自由になり、それからだんだんと判断力が衰えていくものです。例えば、銀行に行くべきだという判断能力はあるが、身体的に行くのがつらくなる段階。これが「財産管理等の委任契約」が必要な段階で、銀行に行くべきだという判断能力がなくなったときが、任意後見がスタートするときになります。
　ですから、毎日の生活の中で、この2つを兼ねている「移行型」はたいへん都合がよいものになるのです。

成年後見人の紹介や法律相談などを受けられる主な窓口

団体名	連絡先	主な支援内容
成年後見センター・リーガルサポート	03-3359-0541	研修を受けた司法書士を紹介
権利擁護センターぱあとなあ（日本社会福祉会）	03-3355-6546	電話相談の受け付け。研修を受けた社会福祉士を紹介する場合も
コスモス成年後見サポートセンター	045-222-8628（神奈川成年後見サポートセンター）	研修を受けた行政書士を紹介
日本弁護士連合会	03-3580-9841	都道府県の弁護士会の成年後見についての相談窓口を紹介

　任意後見契約は原則、相手が成人であれば誰とでも結べます。ただし、破産した人や本人に対して訴訟を起こした人は除く。

　親族や司法書士、弁護士、社会福祉士、行政書士などの専門家に頼むこともできます。その場合、それぞれの団体の相談窓口を利用すると便利。また、社会福祉協議会、NPO法人、一般社団法人などの法人が後見人になるときもあります。

　費用的には司法書士の例として、任意後見契約書作成費用として7万4,000円、任意後見人になった後の日常業務に関する平均的な月額報酬は3万2,000円という、少し古いが2008年度実施のアンケート調査があります。

成年後見人が本人に代わってできることとできないこと

できること	①預貯金の解約や株式の売却 ②遺産分割協議や相続手続き ③病院・介護施設への入所・入院契約
家族の許可や家庭裁判所の審判が必要	①介護施設に入るための自宅を売却 ②自宅を建て替える ③財産から一定の報酬を受け取る
できないこと	①遺言したり、子どもを認知する ②日用品の購入を取り消して返品する

「法定後見」と「任意後見」の違い

	法定後見	任意後見
どのような人が利用できる？	判断能力がなくなった人	判断能力がある人
後見人はどのように決まる？	裁判所が選任（希望を伝えることはできる）	自分の意思で選ぶ
後見人になれるのはどのような人？	家族、親族のほか、弁護士、司法書士、社会福祉士などの専門家や法人もなることができる	
申し立てができる人は？	本人・配偶者・4親等内の親族、市町村長など	本人・配偶者・4親等内の親族、任意後見受任者
後見人の仕事は？	法律によって決まる	任意後見契約で決めるため、自分の希望を反映できる
後見人への報酬は？	裁判所の審判によって報酬が決まる	任意後見契約によって自由に決められる

後見人を監督する人は？	裁判所が必要だと判断した場合は監督人が選任される	裁判所によって必ず監督人が選任される
本人が行った法律行為を取り消すことができるのか？	原則、取り消せる	取り消せない

任意後見契約の流れ

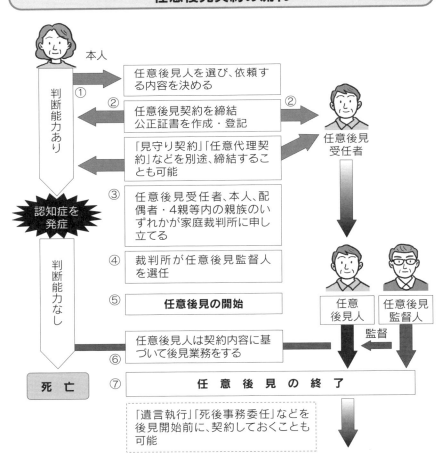

任意後見契約などにかかる一般的な費用

任意後見契約にかかる費用	契約時にかかる費用	・公正証書作成の基本手数料 .... 1万1,000円 ・法務局への登記嘱託手数料 .... 1,400円 ・登記印紙代 .... 4,000円 ・書留郵便料金 .... 実費 ・用紙代 .... 250円×枚数分 ・任意後見契約書作成費用など .... 5万〜10万円
	後見開始後にかかる費用	・裁判所での申立費用など .... 2万円前後 ・任意後見人への報酬 .... 月2万〜5万円 ・任意後見監督人への報酬 .... 月1万〜3万円 ・各種手続きの報酬 .... 不動産売買や遺産分割事務など
その他の契約にかかる費用		・見守り契約 .... 月3,000円前後 ・任意代理契約 .... 月2万〜3万 ・死後事務委任契約 .... 契約内容に応じて算出 ・遺言執行 .... 相続時の財産価格に応じて算出

成年後見の申し立てに必要な書類（東京家裁のケース）

後見などの 開始申立書	◎申立人、本人、成年後見人候補者を記載
申し立ての 事情説明書	◎「認知症の本人の財産管理のため」などと記載 ◎本人の生活場所や介護認定の等級なども記載
親族の同意書	◎本人の配偶者や子どもなど。困難なら提出しなくてもよい
後見人候補者 事情説明書	◎候補者の氏名、住所、経歴、経済状態（年収など）
財産目録	◎不動産は所在、種類や面積など ◎預貯金は金融機関名、支店名、口座番号、金額 ◎保険、株式は種類や金額 ◎負債の金額も記載する
収支状況報告書	◎収入は年金や株式の配当など ◎支出は生活費、療養費、税金、ローン返済など
親族関係図	◎本人を中心に記載
診断書	◎通常は主治医が記載する ◎診断名、判断能力についての意見や根拠など

申し立ては、本人の住所地の家裁で行います。必要書類を提出し、担当官による面接を受けます。書類作成を専門職に頼むと7万5,000円〜10万円前後かかることも多い。成年後見は財産明細や収支状況について、約1年毎に定期的に家裁への報告が義務づけられています。

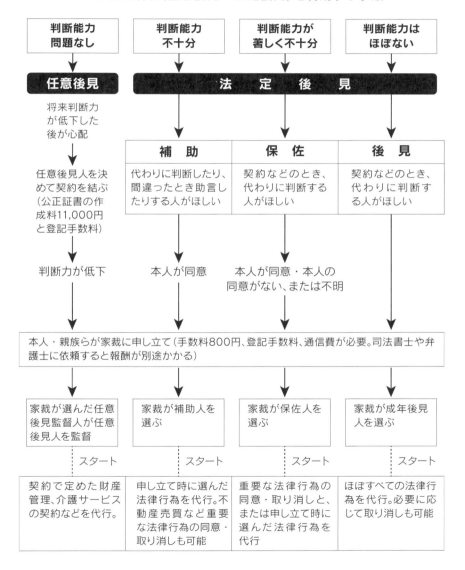

④　遺言執行契約
　——任意後見人と死後事務委任契約と遺言執行契約を同時に結ぶのが理想的

　日本の民法では遺言者は遺言で執行者を指定でき、またはその指定を第三者に委託もできます。指定がなかったり、また執行者がその任にあたらなかった場合には、家庭裁判所が利害関係人の請求によって、選任することもできます。

　遺言執行者は未成年者と破産者を除いて誰でもかまいません。実際は弁護士、税理士、一般社団法人や、NPO法人などに属する専門家、などが多いようです。

　遺言によっては、相続人がその執行にあたることもあります。ただし、執行者がいる場合は、相続人は遺言者の意に反して勝手に財産処分することは許されません。この点が遺言者をよく知る任意後見人が遺言執行者になるメリットでもあります。

　その場合、できれば任意後見契約とは別に死後事務委任契約を結んでおくことが重要です。なぜなら、任意後見契約は被後見人本人（遺言者）の死とともに終わるからです。

　例えば本人が生前、遺言書に「葬儀・納骨・永代供養墓・法要の費用は300万円でお願いします」と書いていたとしても、たまたま法定相続人の一人から「そんなにお金をかけないで結構」と言われた場合、法的に反論できないのです。なぜなら、葬儀や納骨等は遺言内容で護(まも)られるべき利益（法益）の対象ではないからです。

　それに反して、遺言書（公正証書遺言）があり、その中に遺言執行者が書かれてあれば、遺言執行者はその遺言の通り実行しなければならないので、遺言書、つまりは本人の意思通りに仕上げることができるのです。

　その他の財産についても、遺言執行者が公正証書遺言の内容に

従って執行していきます。このように、死後事務委任契約者と同一人物であれば理想的となるのです。

生存中の暮らしのサポート

「万一のときの支援」と「葬送支援」についての契約であっても、実際面では生存中における暮らしの一部もサポート対象にならざるを得ないこともあるでしょう。

【自宅の場合】	●緊急時の対応　　　　　　●行政などへの手続き代行 ●日常生活上の相談
【老人ホームの場合】	●入院時の付き添い　　　　●緊急搬送時の駆けつけ対応 ●不足物の購入、お届け
【病院（入院）の場合】	●入院中の手続き代行　　　●手術の立ち会い ●衣類などの購入、お届け　●郵便物の管理 ●自宅の現状確認や風通し　●病院側との協議 ●自宅の電気、水道、ガス、電話、新聞などの休止手配
【緊急支援】	●急なけがや病気による緊急搬送時の駆けつけ対応

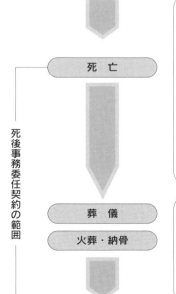

万一のときの支援
◆死亡・危篤時の駆けつけ　◆ご遺体の搬送手配
◆死亡診断書の受け取り　　◆ご親族への連絡

死後に必要となること
●死亡届の提出
●火葬・埋葬許可証の受け取り
●年金の停止手続き
●保険証返納などの役所手続き
●ライフラインなどの支払いと停止手続き
●家賃・施設費・医療費などの精算
●家財処分
●賃貸住宅・老人ホームの退去手続き
●居室の明け渡し　　　など

葬送支援
●葬儀社との打ち合わせ
●火葬・埋葬許可証の提出
●寺社手配
●喪主代行
●火葬立ち会い、拾骨
●指定の場所、方法による納骨
●墓参り、維持管理、清掃

⑤　死後事務委任契約
　――車、不動産の名義変更、納骨、火葬へのサインと共にそれへの対処、葬式執行、健康保険・国民年金等の抹消手続き、ガス、水道、電気、家賃等ライフラインの支払い、遺品整理など

　この契約は本来、任意後見人になっている人が行うのがベストです。
　一般的に相談者の気がかりな点としては、次のようなことがあげられます。
- 死亡後、知人にどうやって知らせるか
- 遺体はどこに、どうなるのか
- 葬儀の希望は通るのか
- 火葬、寺との関係、戒名はどうなるのか
- 遺産分けによるトラブルは避けたい
- 遺品もキチンと整理してほしい

　これらのことを実現するには遺言書をのこすことと、事前に決められた死後事務の執行者が遺言執行者でもあることが理想的なことがわかります。

3　「死後」への備えの法的根拠

　ここまで読まれて、「お一人さま」にとってはさまざまな契約がからんでくる本当に特殊な終活であることがご理解いただけたと思います。
　また、「死後事務委任」という言葉があり、その内容についてもよくご理解いただけたと思います。しかし今日、「死後事務委任」などという言葉を知っておられる方は大変少ないでしょう。
　なぜそのようなものがわざわざ必要になったのでしょう？　それ

は、今日の社会では、いろいろな組織や制度があって、その中のどこかが、あるいは誰かがやってくれるように思えるからです。

　ここで改めて、この契約についての法的根拠を述べておきます。

　ご存じのように高齢者をサポートする社会資源としては、社会福祉協議会、市区町村の高齢者窓口、地域包括支援センター、居宅介護支援事業所とケアマネージャー、ヘルパーと呼ばれる人々、これまでも述べてきました成年後見制度における任意後見人や法定後見人、民生委員、それにボランティアの人々と多彩を極めています。

　ですから、この内の誰かがやってくれるだろうと思いがちです。**ところが、これらの人々のサポートが完全にストップする時期がきます。**

　それは、これまでも述べてきた通り、お一人さまも含めて「本人の死」です。

　この時点で、上記に書かれた人の誰か、あるいはその他の人の誰かと死後事務委任契約を独自に結んでいない限り、すべてのサポートはいっせいに終了してしまうのです。

　法律はあくまでも生きている人のものであって、人の死後のことを他人が勝手にやること（あるいは、善意であってもやってやること）は違法行為になるように日本の法体系はしくまれているからです。

　それでは、なぜこれまで述べてきたような他人の手による死後事務が可能なのでしょう？　その法的根拠は、1992年の最高裁判決によります。これによって、生前に自分の死後についての事務委任を他者（あるいは団体等）と契約しておけば、その委任を受けた者が行っても合法なのだ、となったのです。この判例が決定打となり、その後の民法897条の本人指定によるし祀主宰者の決定がクリアーされ、死後事務への報酬については民法1002条の負担付遺贈規定

1章　お一人さまにはどのような備えが必要か　27

により、クリアーされていったのです。25年ほどの歴史しかないとはいえ、法的根拠は理論的に整えられたのです。

　これによって公正証書による、あるいは私文書による「死後事務委任契約書」がある場合は法的正当性を持ったのです。

お一人さまの「最期」への備え方の具体的手続きの内容例

「死後事務委任契約」で一任

　人が亡くなると、役所への届け出や葬儀などのさまざまな手続きが必要になります。親族のいない単身者が第三者を頼る唯一の手段としてあるのが「死後事務委任契約」です。法的にはこれしかありませんし、今日では最も安心できる方法です。つまり、ここでは死後の事務手続きについての要望を生前にまとめ、第三者に委任する契約を指します。

■死亡時の主な手続きと流れ

期間	死後にすべき手続きと申請の順序	注意事項
死亡直後	死亡を確認した医師が「死亡診断書」（死亡届と併用形式）を作成	事故などの場合は警察による検死を経て「死体検案書」が作成される。 死亡診断書の写しが公的証明書として必要になる場合があるので、4〜5枚のコピーをとる（年金受給停止手続きや埋葬料の請求や資格停止等の手続きに必要になるので）。
7日以内に	⇩ 市区町村に「死亡届」と「死体火葬許可申請書」を提出	「死体火葬許可交付申請書」は役所にあるので「死亡届」と同時に提出する。 この手続きで故人の戸籍の変更がなされる。
	⇩ 市区町村から「死体火葬許可証」を取得	「死体火葬許可証」が交付される。
	火葬場に「死体火葬許可証」を提出 ⇩	火葬場では火葬後、日時を記入して返却してくれる。

期間	手続き・請求項目	注意事項
7日以内に	証印した「死体火葬許可証」（死体埋葬許可証）を取得	この埋葬許可証は紛失すると再発行してもらえないので、注意が必要。
	⇩	
	死体埋葬許可証を寺院や墓地管理事務所に提出	納骨の際には埋葬許可証（火葬場の証明印を捺印したもの）を持参。▽墓埋法でも納骨の時期に決まりはないので、数年間にわたって遺骨を家に置く人も少なくない。一般的には納骨は遺族の都合のよいとき、例えば、四十九日、一周忌、三回忌等の法要に合わせて行うことが多いと言える。▽霊園墓地を利用するときは、墓や納骨堂の使用名義人の使用許可証と一緒に印鑑が必要。

■**死亡後の各保険等の資格喪失手続きと葬祭費等の請求手続き**

期間	手続き・請求項目	注意事項
5日以内	健康保険（会社員）の資格喪失手続き	従業員が死亡した場合、または健康保険及び厚生年金保険の資格を喪失した場合は、事業主が「被保険者資格喪失届」を事業所の所在地の年金事務所に提出する。死亡後5日以内。
	⇩	
10日〜14日以内に	国民健康保険資格喪失手続き	加入者が死亡した場合は、戸籍の届け出（死亡届）により自動的に資格喪失手続きがなされる。14日以内。
	⇩	
	厚生年金受給の停止手続きは10日以内に国民年金受給停止手続きは14日以内に	厚生年金や国民年金をもらっていた人が死亡した場合は、本人の死亡後、厚生年金は10日以内に、国民年金は14日以内に受給停止の手続きをする。 提出先：社会保険事務所または、住民票のある市区町村窓口 必要書類：年金受給者死亡届、年金証書、死亡を確認できる公的証明書（戸籍謄本・死亡診断書）
	⇩	
	介護保険資格喪失届	死亡から14日以内に資格喪失の手続きをする。 提出先：市区町村の福祉課の窓口 必要書類：介護保険証
	⇩	

10日〜14日以内に	会社の健康保険の「埋葬料」を受け取る請求手続き (勤務先で手続きを代行してくれるケースが多いので、勤務先に確認する)	「埋葬料」として一律5万円を受け取ることができる。 提出先：健康保険組合または社会保険事務所 必要書類：健康保険埋葬料請求書、健康保険証、死亡診断書のコピー
	⇩	
	国民健康保険の「葬祭費」を受け取る請求手続き (申請期限は2年以内だが、早目にするとよい。葬儀の実行が支給条件なので、葬祭業社の領収書が必要)	国民健康保険に加入していた場合、市区町村によって支給額は3万〜7万円と異なる。 提出先：故人の住所地の市区町村健康保険の窓口 必要書類：葬祭費支給申請書、国民健康保険証、葬祭業者の領収書 　＊窓口に来た人の本人確認できるもの（運転免許証等）
	⇩	
14日以内	世帯主変更届の提出 (世帯主が死亡した場合)	世帯主の死亡から14日以内に世帯主の変更届けを提出する。 提出先：市区町村の戸籍・住民登録窓口 必要書類：届け出人の印鑑と本人の確認できるもの（免許証・パスポートなど）

■死後14日〜15日以内に速やかに手続きをするものや相続人等への名義変更と遺産相続後の名義変更、及びその他の解約の手続き一覧

		窓口	手続き	期限	備考
すぐに手続きするもの	住民票	市区町村役場	世帯主変更	14日以内	世帯主以外なら手続きの必要なし。
	電気・ガス・水道	所轄の電気会社、ガス会社、水道局	名義変更	なるべく早く	電話で連絡する。
	家の固定電話	所轄のNTT等	名義変更		
	携帯電話・インターネット回線	通信会社	解約手続き		ツイッター・フェイスブック・メールアカウント等の削除
	公団賃貸住宅	所轄の公団営業所	名義承継	⇩	

		窓口	手続き	期限	備考
その他・解約手続き	運転免許証	警察署	返納	なるべく早く	
	パスポート	パスポートセンター	返納	↓	
	老人優待パスポート	発行元	返納		
	デパート等のカード会員	各発行元	退会手続き		退会書類をもらう。
	各クレジットカード	各発行元	解約手続き		解約書類をもらう。
	会社の身分証明書	会社	返納	なるべく早く	
相続が確定した後にするもの	不動産	法務局	所有権移転登記	相続確定後	印鑑証明、戸籍謄本は相続人全員のものを持参。
	預貯金	各銀行・郵便局	名義変更	↓	戸籍謄本は相続人全員のもの。銀行によっては死亡診断書が必要な場合もある。
	株券・社債・国債	各証券会社	名義変更		書き換え手数料が必要。
	生命保険	各保険会社	契約要項変更	相続確定後	被保険者本人が死亡したときは死亡保険金の給付の請求を行う。
	自動車	運輸支局事務所	移転登録	原則15日以内	戸籍謄本、車庫証明書、遺産分割協議書、実印

■死後のSNSのアカウントの削除の対処方法はそれぞれ違う

　今日では"本人の死後における情報のあり方"が問題になってきました。「現状」と「対処方法」を知っておくことも重要です。

　Facebook（フェイスブック）もTwitter（ツイッター）も死後のアカウントの扱いについては、家族や知人の申告制となっており、何もしなければそのまま残るということになります。両方とも対処

方法が違うので、下記を参考にしてください。

Facebook（フェイスブック）の場合

		家族・知人からの死亡報告	
		なし	あり
本人の死後の アカウント削除希望	なし	そのまま残る	追悼アカウントとして残る
	あり	そのまま残る	削除される

Twittter（ツイッター）の場合

家族・知人からの死亡報告（アカウント削除希望を含む）	
なし	あり
そのまま残る	削除される

（ライブドアニュース IT 経済のインターネットを参考にしました）

■現在行われている「死後事務」に特化した例

　自治体と葬儀社が協力して支援するしくみです。経済的に余裕がない人を対象として「誰にも看取られない最期」であり、「引き取る人のない」お一人さまをなくそうとする支援のあり方です。

　神奈川県横須賀市が始めた「エンディングプラン・サポート事業」の対象者はおおむね月収 18 万円、預貯金 150 万円以下程度のお一人さま。市が相談窓口となり、お一人さまと市内の葬儀社とで生前に死後事務委任の契約を結ばせるというものです。

　あくまでも当事者は「お一人さま」と葬儀社であり、市はそれをチェックだけをする立場です。

　まず、契約者には市が登録カードを 2 枚発行し、自宅内に保管と携帯してもらいます。万一のときにはそのカードを手がかりに医療機関から市や葬儀社に連絡がきて、葬儀社が契約に従って手続きを進めるというものです。

この契約にかかる費用は生活保護受給者の火葬費用を基準として20万6,000円（2016年度）の直葬となっています。なお、「お一人さま」に限らず、今日ではこの葬儀のあり方は一般化しつつあります（下グラフ参照）。また、希望者には延命治療の意思表示（リビングウィル）なども確認されます。そして、市は納骨まで見届けることになっています。

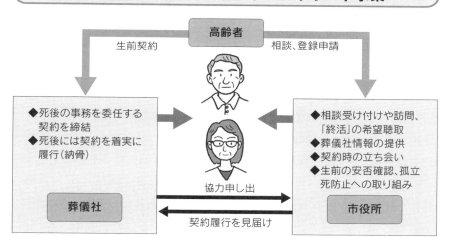

横須賀市のエンディングプラン・サポート事業

自分の葬儀は「直葬」でよい

	そう思う	やや そう思う	あまりそう 思わない	そうは 思わない	肯定派
70歳以上	25.0	21.5	28.5	25.0	46.5%
団塊世代（69～65歳）	25.0	28.0	24.4	22.6	53.0%
ポスト団塊世代（64～56歳）	27.5	24.5	29.0	19.0	52.0%
新人類世代（55～46歳）	34.0	28.0	21.5	16.5	62.0%

（出所）冠婚葬祭総合研究所2016年調査

コラム　日本で生と死を峻別するわけ

　それではなぜ日本の法律は「生」、つまり生きている状態がすべてで、「死」の状態とは明確に分けるのでしょう。

　これにはものの見方、考え方の基礎となるその国の宗教の考え方、あり方が深くかかわっているようです。

　仏教国である我が国には確かに「生死」という生と死を同等にあつかった言葉があり、「死」とは「生」まれることと一体であり、自然なことと考える人もいるかもしれません。

　しかしこの意味は、すべてが変化するものであり、変化というものは自然なことなのだとする、「諸行無常」の意味を表現するものなのです。

　それに対してキリスト教の国では死はタブー視されていて、死は「非自然的」であるという考え方が極めて強いのです。ですから、「生死」などという言葉は存在しませんし、とんでもない考え方なのです。つまり、「諸行無常」という考え方は本来ありません。

　そして、我が国での「死」はあの世（彼岸）に行くこと、つまりこの世（此岸）と決定的に区別された世界に行くことと考えられています。

　一方、キリスト教の国々では、この世の何か上のほうにある神の国で安息（安息主懐―神の懐で安息を得る）する、という考え方なのです。つまり、別の世界に行くわけではないのです。観念的な表現をすれば「死なない」（永遠の命）のです。ですから、例えばイギリスなどでは日本の民生委員にあたる人が法的にも当然のこととして、必要があれば葬儀も執り行うのです。

4 「施設入居や入院」への備えの注意点

　一般的には保証人や身元引受人は重い責任を負うことになりますので、配偶者や子ども、親族などがなりますが、今日では家族関係の変化などで保証人や身元引受人になってくれる人がいないケースも増えてきました。

　一般に高齢者が病院に入院したり、介護施設や賃貸住宅に入居したりするときは、保証人や身元引受人を求められます。高齢者のお一人さまともなればほぼ100％求められるといっていいでしょう。

　それではここで「保証人」や「身元引受人」に求められる役割と、家族や親族に身元保証や身元引受を頼めない場合の選択肢を表によって示しておきましょう。

「保証人」「身元引受人」に求められる役割

①身上監護	・本人が病気や認知症になったり、介護が必要になったりしたときに、入院の手続きや介護サービスの契約などを本人に代わって行う。
②医療・介護行為の同意	・本人が手術を受けたり、介護の方針を決めたりする際に、病院や施設と話し合い、医療方針や介護方針に同意する。
③金銭管理	・家賃・管理費、施設の利用料、入院時の治療費の支払いなどを保証する。
④死後整理	・本人が亡くなったときに、遺体の引き取りや遺品の処分、葬儀など死後事務を行う。

1章　お一人さまにはどのような備えが必要か

家族や親族に身元保証を頼めない場合の選択肢

①家賃や病院の入院費など数か月分は事前に準備	・少数とはいえ、病院によっては事前にまとまった医療費を納めておくことによって、保証人を求めないところもある。賃貸住宅でも同様。
②身元保証人を引き受けるNPOなどの団体を探す	・契約時に預託金を支払うことによって、身元保証をしてくれる。日常の見守りサービスや死後事務の委任もできる。
③任意後見契約を結ぶ	・任意後見人と後見契約以外に、病院や施設に入る際の身元保証をお願いする契約を結ぶ。ただし、身元保証までは引き受けられないという後見人※もいるので注意。
④ホーム自体が身元保証人になるような、有料老人ホームを探す	・一部の有料老人ホームでは預託金を支払うことによって、ホーム自体が身元保証人になる。ただ、債権者と債務者が同一になるので、利益相反を指摘する声もあるので慎重に検討。
⑤自治体の窓口や地域包括支援センターに相談する	・社会福祉協議会や自治体が身元保証人になる地域もあるが、まだ数はほんのわずか。

※後見人……司法書士が任意後見人になっているケースは多いが、通常の費用の外に、身元保証のための費用が上積みされたと思われるのを嫌って、身元保証を受けないケースも多い。

　2013年国民生活基礎調査（高齢者1,000人の調査）によれば、お一人さまの生活は以外と楽しいようです。その他のアンケートでも生活満足度では上位に位置しています。しかし、例えば賃貸住宅を借りる場合は入居時に保証人を求められます。そして、その保証人は収入があること（つまり、負債を負えること）が前提になりま

す。ですから、親しい友人だとしても依頼するのには、はばかられます。

また、介護施設や病院などへの入所や入院のときにも一般的には保証人や緊急連絡先を当然のこととして求められます。

特に75歳以上ともなると3か月以上入院することは難しくなってきます。なぜなら、90日ルールというものがあって入院を3か月もしている人は退院を病院側から勧められるからです。

表向きの理由としては、本当は退院できるのに介護（看護）できる人がいないため入院させているケースを防ぐ、という理由ですが、真の理由は91日目から後期高齢者特定入院基本料の算定が始まり、医療報酬は3分の2以下に減額される上に、投薬や検査については報酬ゼロという状況になるからです。つまり、医療側の都合なのです。退院するか転院するかは担当医が決めますが、転院となったら、その病院の医療ソーシャルワーカーと相談し、転院先を決定します。

その際にも改めて保証人が必要となることは言うまでもありません。

これに対して、**多くの支援者側は一定の範囲（例えば県内）であれば、あるいは最大その場所に行くのに2時間以内であればという条件をつけている**のがほとんどです。

お一人さまにとってはこの点は注意点です。

友人や知人に頼めないとすれば、どのような手段があるのでしょうか？

1つにはNPO法人や一般社団法人などの支援サービスを利用する方法があります。保証人や身元引受人などをその法人が代行するというものです。そのためには保証人や身元引受人になってもらうための契約をそれらの法人と結ばねばなりません。

その他にも成年後見制度の任意後見人に依頼するという手もあるでしょう。

任意後見では財産の管理はもちろんのこと、終末期の延命治療についてどうするかも依頼しておくこともできるでしょう。その他についてもいろいろな契約を結んで依頼することもできます。

24ページでも述べましたように相続についての遺言執行契約、それに死後事務委任契約を結んで、葬儀や納骨、遺品整理なども依頼することもできるでしょう。

5 │「終末医療」へのあり方は変わってきました

これまでも述べてきましたように、国全体で高齢化が今後はどんどん進み、それにつれて死者の数も増えていきます。

しかし、その前に起こる現実として、**団塊世代のすべてが後期高齢者になる2025年頃には地方の高齢者は減っていき、都市部、特に首都圏での高齢者問題は今日よりもさらに深刻度を増して、専門家によればこのままいけば高齢者福祉制度は完全に破綻していく**とされています。

介護関連施設でベッド数なども確実に不足し、需要に応じて施設を作ったとしても、介護人材が集まらない可能性が高く、医療においても専門職の不足で救急医療の破綻は確実とされているからです。

ここで問題になるのは、法整備や制度の改革問題ではなく、利用者及び、特に提供者側（施設側）の意識改革、つまり「死生観」の改革が必要とされています。介護側や医療側はこれまで、なんとしても高齢者を少しでも長く生かしたいという前提で、ある面で人間の尊厳を無視していると言われても仕方ない方法で、膨大な税金を

消費して命を延ばしてきました。

　なぜなら、かつての高齢者たちやその家族がそれを「善」として心から望んだからです。

　しかし、今日の高齢者の多くが昭和生まれになり、**何が何でも長生きしたいというより、重度の介護状態で生き延びるのはいやだという人々が**ほとんどになってきました。それなのに、施設や介護側は従来のあり方が「善」として疑うことなく、いまだに確心を持って続けている状態なのです。

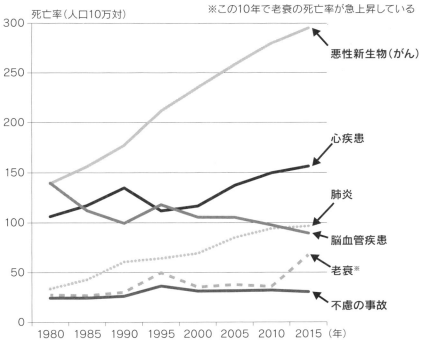

老衰の死亡率の急上昇

※この10年で老衰の死亡率が急上昇している

「老衰」は医学敗北とする見方もある。治療可能な疾患を見逃してしまった、という思いが医療側にあるからだ。しかし、老衰は天寿を全うした穏やかな死の証でもある。
（出所）厚生労働省「人口動態統計」から

なぜなら、望まないケア（例えば、胃ろうはいらない、延命治療はいらないなど）に対して、明確な意思表示を利用者側がしてこなかったからです。

利用者側が変われば提供者側もやむを得ず変わり、このような制度破綻は避けられるのです。「我が国は長寿世界一」などと浮かれてばかりはいられないのです。

ちなみに胃ろうを拒むと3か月程度、食事介助を受けないと年単位で平均寿命が縮むとされています。参考までに、今日のフランスでは高齢者に胃ろうを施すのは虐待の一種と見なされています。

北欧では介護施設に寝たきりで食事介助を受けている高齢者はいません。なぜなら、自力で食べられなくなったら"死ぬ"という考え方が徹底しているからです。

コラム　介護職員の人材不足問題

厚生労働省は、2015年6月24日、2025年度に介護職員が全国で約38万人が不足するという推計を発表しました。2025年といえば団塊世代が75歳以上になる年であり、要介護者の数も相当な数に上ることが予測されます。

2025年度には介護サービスの利用者も増えて推計で253万人の介護職員が必要になりますが、今のままでは215万2,000人しか人員を確保できない見通しです。

介護職員が必要な人数に対して、実際に何人が働くことができるのかという充足率を見ると、2017年が94％ですでに6％にあたる約12万人が足りない状況になります。その後は年を追う毎に低下していき2020年には91.1％で約20万人の不足。そして、2025年には85％まで低下し、約38万人の介護職員が不足すると推計されています。

また、経済産業省の研究会が2016年3月にまとめた報告書では2035年には、68万人が不足していくと見られています。財政面で見ても、今日の制度を継続していくのは無理とされ、意識や発想の大胆な転換が不可欠とされています。

■**介護職員の充足率** ※必要な介護職員数に対して何人働けるのかの割合

	2017年度	2020年度	2025年度
需要見込み	207万8,300人	225万6,854人	252万9,743人
供給見込み	197万3,627人	205万6,654人	215万2,379人
充足率	94.0%	91.1%	85.1%
不足する介護職員の数	12万4,673人	20万200人	37万7,364人

終末期医療の方針を決めるまでの流れ

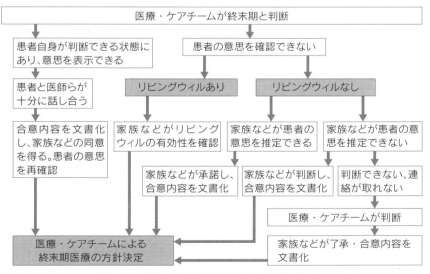

病気や事故で意識や判断能力の回復が難しくなったときに備え、どんな治療を望むかを記したり、代理人を指名したりしておくのがリビングウィル。例えば東京の聖路加国際病院の例として、
① 人口呼吸器など生命維持のために最大限の治療を希望する。　② 胃ろうなど継続的な栄養補給は希望する。
③ 点滴など水分補給は希望する。　④ 水分補給も行わず、最期を迎えたい。
という選択肢とともに患者本人や家族の署名欄を設けている。

(注)厚生労働省ガイドライン、日本医師会生命倫理懇談会答申を参考に作成

コラム　尊厳死の宣言書（リビングウィル）について

　リビングウィルの運動は 1970 年代にアメリカで始まっています。日本では 1976 年創設の日本尊厳死協会が「尊厳死の宣言書」を発行し管理したのが最初です。

　宣言書には、

① 　私の傷病が、現代の医学では不治の状態であり、既に死が迫っていると診断された場合には、ただ単に死期を引き延ばすためだけの延命措置はお断りいたします。
② 　ただしこの場合、私の苦痛を和らげるためには、麻薬などの適切な使用により十分な緩和医療を行ってください。
③ 　私が回復不能な遷延性意識障害（持続的植物状態）に陥った時は生命維持措置を取りやめてください。

　以上の 3 項目からなっています。ただ法的強制力はありません。また、公正証書で書くリビングウィルもあります。この場合は、正常な判断力があるときに作成したことを証明できることと、家族の同意を盛り込める点が利点です。

6 「死後事務と相続」への備え

■「死後事務委任」のポイント

　お一人さまが自分の死後について第三者を頼る手段として利用しやすいのが、今まで述べてきたように「死後事務委任契約」です。

　生前に行う死後の事務手続きについては、後述の3章「安心計画の契約準備」で表示してあるように、第三者に委任する契約を指します。死後事務だけを契約する場合もありますが、多くの場合は、主に日常生活の中での財産管理などの委任がメインとなる任意後見契約の前の段階である、任意代理契約の特約として死後事務を付加するケースもあります。

　死後事務委任契約は自分が亡くなった後の手続きですからこのように事前に自由に決められます。主な決めごとは、葬儀や埋葬についての事務手続き、遺品整理、医療費の精算や電気・ガス・水道などのライフラインの停止手続きと支払い手続き、不動産や自動車などの名義変更手続きなどが一般的です。

　このような内容を「遺言書」に書いたとしても、法律上は無効（法益の対象ではないこと）です。

　葬儀については、進め方や方式に希望があれば葬儀社と直接、契約しておくということもできます。葬儀費用については、葬儀社に直接預託という方法もありますが、本人が事前に支払うべき葬儀費用を金融機関（銀行や信託会社※）に預託し、葬儀が終了したら、それを金融機関が確認後、金融機関が葬儀社に支払うという方法もあります。万一、葬儀社が経営破綻した場合でも預託金は保護されるので安心です。このような契約は今日ではNPO法人や一般社団法人、葬儀社、冠婚葬祭互助会、遺品整理会社、寺院、弁護士法人、個人の司法書士や行政書士などの一部でも受け付けています。

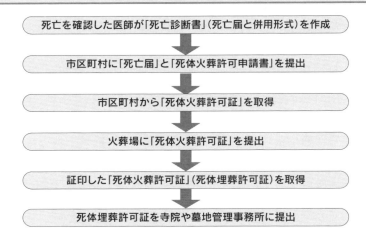

※信託会社……契約当事者の間に入り、代金決済と商品や物件の授受の確実な実行等の安全性を確保する仲介サービス会社。たとえ、結果として葬儀社や信託会社が倒産しても預託金は銀行により保護されることになっている。(株)エスクロー信託他。

■「相続」のポイント

　一般論としては、法律上、遺言がなかった場合、遺産分けは相続人間での話し合い（遺産分割協議）に委ねられます。

　しかし、この協議はこじれる場合が多いようです。争いになって2015年度に家庭裁判所に持ち込まれた件数1万5,000件で10年前に比較して25％も増加しています。

　このようなトラブルを防ぐには遺言書を書いておくことが必要です。なぜなら、遺言内容は相続において法律で決められている法定相続分より優先されるからです。

　遺言には本人が自筆で全文を書く「自筆証書遺言」と、元裁判官ら国によって任命された公証人に公証役場で書いてもらう「公正証書遺言」があります。

自筆証書のほうは開封時に家裁で検認と言われる手続きが必要です。その数は2015年には1万7,000件となっていて、公正証書の11万8,000件と合計しても、遺言書を書く人は年間死亡者数の10％ぐらいしかありません。
　遺言書を書く上で心得ておかねばならない点は、一般的には次の5点とされています。
① 誰に、何を、どれだけ相続させるかをはっきりと明示すること。
② 相続人の最低限の権利として遺族が相続すべき割合である「遺留分」を常に念頭に置いておくこと。なお、遺留分は法定相続分の2分の1がほとんど。
③ 生前贈与した財産や介護などで受けた行為なども考慮すること。
④ 相続財産に漏れがないようにすること。
⑤ 遺言を確実に執行してくれる、遺言執行者を決めておくこと。

この中でも最も困難なトラブルになりがちなのは、遺留分の侵害のケースとされています。
　権利を侵害された遺族が他の遺族に、その分を渡すよう要求する遺留分の減殺請求を主張すれば、①の誰に、何を、どれだけ相続させるか、という遺言の基本的な目的が達せられなくなるケースも出てくるからです。例えば、長男と次男がいて自宅を長男に、という遺言内容であったとしても、次男にはほとんど何も配分がない場合、不満を持った次男が遺留分減殺請求すれば、自宅は相続人の共有となってしまいます。
　長男に次男の遺留分に相当する現金があれば次男も納得する場合もあるでしょうが、なければ、それもできません。自宅を売りたくとも感情的にもつれた弟が納得しない限りそれもできなくなってし

まうのです。

このようなケースでは争いは長期化していきます。

また、遺言で考慮したいのが生前贈与です。生前に子どもに多額の贈与をしていた場合、その分を相続にあたっては差し引いて考える必要もあります。つまり、「特別受益分」を考慮すべきということです。また、財産の維持や増加に特別に貢献したという場合もあるでしょう。つまり、「寄与分」にも考慮するのが公平でしょう。

そして、くどいようですが**遺言書に書かれている通りに手続きを実行する「遺言執行者」**も必ず指定しておくことです。

遺言執行者がいれば預貯金の解約などもスムーズにいきますし、相続手続きのすべてを円滑に進めることができるでしょう。

独身者が亡くなると、誰が相続する？

①親が健在なら親が相続する

②親が他界していれば
兄が相続する
兄弟がいれば、均等
に分ける

③兄も他界していたら
甥・姪が相続する

お一人さまが亡くなった場合、相続人に連絡され相続人は相続の処理をしなければならない。相続の順位は①まず親。親が亡くなっていれば②兄弟で均等に分ける（兄弟の配偶者には相続の権利はない）。兄弟が亡くなっていれば、③その人の甥や姪になる。年齢が高くなれば甥や姪はおじさんやおばさんとの付き合いが少なく、もし遠方に住んでいたら財産の処理の負担は重くなる。

このようなケースを解決するには、生前に遺言書や契約書を作っておけばこのような人の負担を減らし、遺言書や契約書通りの相続（寄付も含めて）ができる。なぜなら、甥や姪には必ず残しておかねばならない遺産である遺留分がないからだ。

2章 「備え」への具体例

　これまで述べてきました見守り支援契約、財産管理契約、任意後見契約、遺言執行契約を「生前の契約」としますと、この生前の契約と「死後の契約」つまり死後事務委任契約を手掛ける事業者は特に近年増えてきました。

　民間部門では、本部は名古屋で全国に13支局をもつNPO法人きずなの会、本部は福岡で全国に7事業所をもつ一般社団法人えにしの会をはじめとして、葬儀社、寺院、弁護士、司法書士、行政書士、公的部門では社会福祉協議会[※1]、地方自治体などによって別組織としてつくられた団体などさまざまです。それでは、内閣府消費者委員会が資料として公表している「**サービス提供事業者と利用者数**」について記しておきましょう。

ア　サービス提供事業者

　身元保証等高齢者サービス事業の主体は、民間部門と公的部門に大別される。

（民間事業者）

　民間部門の主体については網羅的な調査・把握はされていないが、株式会社、一般法人、公益法人、NPO法人、弁護士・司法書士・行政書士等の専門職、宗教団体等多様な主体が存在しており、事業

者数は数十〜100社程度に上るとみられる。

　死後事務サービスについては、葬祭業者が参入しているケースもみられる。

（社会福祉協議会、地方自治体）

　一方、公的部門においては、市区町村社会福祉協議会が独自の事業として病院・福祉施設等への入院・入所の手続の支援及び入院費・施設利用料の保証、死亡時の葬儀・埋葬の手続の支援等のサービスを提供している事例[※2]があった。また、死亡届出、葬儀、納骨等の相談窓口となり、葬儀社の情報提供、契約時の立ち会い、定期的な利用者の安否確認などを行う地方自治体[※3]も存在している。

※1　社会福祉協議会は公的部門といっても基本的性格は民間非営利組織。
※2　足立区社会福祉協議会権利擁護センターあだち「高齢者あんしん生活支援事業」、府中市社会福祉協議会権利擁護センターふちゅう「あんしん支援事業」、調布市社会福祉協議会ちょうふ地域福祉権利擁護センター「あんしん未来支援事業」など。
※3　神奈川県横須賀市「エンディングプラン・サポート事業」、神奈川県大和市「葬儀生前契約支援事業」など（横須賀市のケースは33ページ参照）。

④　利用者数

　民間部門のサービスの利用者数は、規模の大きい事業者で1社当たり3,000人〜7,500人程度であり、多くの事業者の利用者数は1社当たり数十人〜数百人の規模であるとみられる。

　公的部門である市区町村社会福祉協議会の提供するサービス利用者は、ヒアリングを行ったところ1つの社会福祉協議会当たり数名〜数十名の規模であり、人員及び予算的な制約のため、サービスの規模を大幅に拡大することは難しいとのことであった。

　そして、依頼に応じてスタッフが委任者（契約者）を訪ねて契約通りに実行していきます。

費用は事業者で多少異なっています。例えば合計金額などにおいても異なる理由は主にどこまで、あるいはどの項目まで加算されているのかの相違による場合がほとんどです。

　一例として、すがも平和霊苑の共同墓利用者の声から誕生した団体、NPOりすシステムでは死後事務の基本料金※は50万円。入院や施設入居の保証人など生前の事務は必要に応じて依頼を受け、日常の見守りや外出時の付き添いもメニューにあります。申し込み金は5万円。

　この団体の当初費用として最も多いケースでは死後事務と生前事務、任意後見契約を結び公正証書作成費なども含めて100万円強。

　また、ある行政書士のケースでは「見守り・事務委任契約」「任意後見契約」「死後事務委任契約」があり各々契約料として10万円がかかり、これとは別に預貯金管理など日常業務に毎月5,000円。各種の契約や財産管理といった法律行為を本人に代わって行った場合、費用はその都度かかるというものです。

　一方、その人の状況によっては次のようなケースも考えられるでしょう。

　1章で述べた自立度の高い人という前提がつくとは思いますが、日常の見守りを友人や行政サービスに託し、家の片付けなど、あるいは死後事務など一部についてのみ事業者と生前契約しておくということも選択肢でしょう。いずれにしても契約をしておけば、契約の範囲内でさまざまなことをやってくれます。ですから、安心感は得られるでしょう。

　しかし、**何かをしてもらえばその都度お金がかかることを理解した上で、自分にとって最も都合のよい事業者や専門家を選ぶことが重要**になります。

※基本料金……死亡診断書の受領、死亡届け、火葬許可証の受領、葬儀、火葬、納骨の立ち会い、健康保険等の資格喪失手続き等。

1 具体的支援内容とその費用

　それでは、筆者が数社（団体）取材し、一般的と思える支援例を具体的に述べていこうと思います。言うまでもなく、これは特定の団体や業者を宣伝するものではありません。
　支援内容については大きく分けて、身元保証、生活支援、葬送支援の３つに分けているところが多く（国〈内閣府〉でも同様に分けています）、わかりやすいのでそれに従って述べていきます。

「身元保証」

　医療機関への入院・転院、介護・福祉施設への入所・転所あるいは民間や公営の賃貸住宅への入居の保証を行うものです。入居の場合には特に審査を設けて、一定の金額内（家賃内）としているところが多いようです。そのための事前に預託してもらう保証料としては、業者や団体によって、18万〜30数万円と幅があります。

「生活支援」

　支援内容を２つに分けているところが多く、１つ目は病気やケガなどへの「緊急支援」、２つ目は入院・入所・入居時の申込み手続き支援や入所・入院中の物品の届け、医療説明時の同席などの「一般支援」です。
　料金的には手数料（税別）として、１出動につき、あるいは１時間当たりとしているところが多く、「緊急支援」のケースでは１出動の時間を２時間としたり、４時間としたりしていますが、１時間

当たり 2,500 〜 3,000 円と計算しているところが多いようでした。つまり、1 出動 2 時間で 5,000 〜 6,000 円、4 時間で 10,000 〜 12,000 円というわけです。「一般支援」では 1 時間当たり 1,000 〜 2,000 円のところが多く、その幅の差は支援員の移動時間を入れるか否かの差のようです。

「葬送支援」

万一のとき（委任者の死）の事務支援として、遺族や友人、知人への連絡、役所への届け出やそのとき必要な事務手続き、電気・ガス・水道等のライフラインへの廃止手続きや支払い、住居の返還手続き、家財・家電製品の処分。それに葬儀の手配から執行、納骨支援まで契約通り実施します。ちなみに葬儀支援については、葬儀場の手配から火葬、収骨まで契約者の生前の意思（契約した内容）に沿って行われます。

納骨支援についても契約者の生前の意思に沿って納骨されます。納骨先が未定の場合はその会（団体）独自の供養墓、あるいは契約している寺院の永代供養墓に納骨することも可能です。納骨先や特定の寺院への葬儀依頼の希望があれば事前に支援者側が寺院と交渉し、了解をもらい一札をとっておきます。

2 より詳しい具体的支援内容とその費用

それでは事業者の中でも老舗の 1 つとされる、ある事業者の契約による支援内容について、その一例を掲載しておきましょう。

この事業者は「会」との契約と「弁護士法人」との契約という二重の契約内容となっており、「会」の役割は行政、病院、介護、福祉施設などと連携し具体的に委任者（契約者）の支援をする役目と

なっています。生活支援（緊急支援・一般支援）を行うわけです。
　それに対して「弁護士法人」のほうは契約による預託金を責任をもって保管すること（これを「金銭預託契約」としている）と、預託金のみならず委任者が希望すれば通帳や印鑑なども預かり、入院費、施設利用料などが発生した場合は、その通帳から支払い、金銭管理状況も委任者に報告する（これを「金銭管理契約」としている）として、このように2つの法人でそれぞれ分担し、各々がチェックし合うという仕事内容となっています。
　そして、委任者が希望すれば判断能力が不十分になる前に任意後見契約を結んでおき、そのときが来たら、弁護士法人が後見人を担当することは言うまでもありません。つまり、会はそれ以降、死後事務以外は関与しません。

生活支援の支援内容とその費用の例

種類	支援内容	手数料（税別）
緊急支援	・支援の依頼を受けてから2時間以内に対応が必要な支援（病気・ケガなど）	1出動（4時間以内）10,000円（4時間を超える場合は1時間毎に2,500円追加）
一般支援	・入院・入所・入居等の情報提供・申込み手続き ・受診・入院・入所時の付き添い ・入所・入院中の支援（物品のお届け・医療説明時の同席・手術立会いなど） ・各施設見学の付き添い ・病院・施設関係者・ケアマネジャーとの調整・協議 ・転居に伴う手続き・家具処分立会い（処分業者の費用は別途必要） ・その他の生活支援	1時間当たり1,000円

支援員の移動時間（事務所→支援場所→事務所）も支援費用が必要となる。

○○事業者（○○会）の契約による支払い内容についての一例

支払い合計額	金　1,900,000 円（A+B+C）

（希望欄に○印のついた合計。その他の希望があれば追加されます。支払い合計額には消費税に充当される分も含まれますが、下記手数料は税抜き表示です）

	○○会への委託事項	希望	手数料等	預託額	備　考
金銭預託契約（保管金）	①高齢者・障がい者生活支援業務				
	各種生活支援費用	○		200,000円	
	万一のときの事務支援費用	○	140,000円	140,000円	支援実施後支払い
	②葬送支援業務				
	a．葬儀支援　葬儀代（実費）	○		260,000円	支援実施後支払い
	○○会支援費用	○	50,000円	50,000円	支援実施後支払い
	葬儀関係費用（お布施を含む）（300,000円以下）				親族からの希望があるとき、使用できる
	b．墓地・納骨支援（実費含む）	○	150,000円	150,000円	支援実施後支払い
	c．墓地管理支援				支援実施後支払い
	d．墓石撤去・遺骨管理支援				支援実施後支払い
	③消費税及び予備費	○		150,000円	
	保　管　金　合　計			950,000円	A

2章　「備え」への具体例

	○○会への支払い項目	希望	手数料等	預託額	備　考
契約締結時支払金	①○○会入会金	○	400,000円	400,000円	
	②初年度事務手数料	○	10,000円	10,000円	初年度のみ
	③○○会年会費	○	10,000円	10,000円	毎年契約月に支払い
	④生活支援・身元保証費用				
	a．生活支援基本金	○	100,000円	100,000円	契約締結時支払い
	b．身元保証生涯手数料	○	180,000円	180,000円	契約締結時支払い
	⑤本契約準備のための手数料	○	20,000円	20,000円	契約締結時支払い
	⑥任意後見契約準備のための手数料				任意後見契約時支払い
	⑦○○会出張費	○			契約締結時支払い
	⑧消費税及び予備費	○		104,000円	
	契約締結時支払金合計			824,000円	B

	弁護士法人への委託事項	希望	手数料等	預託額	備考
金銭管理契約（弁護士費用を含む）	①本契約手数料	○	30,000円	30,000円	契約締結時支払い
	弁護士出張費（出張旅費も含む）		20,000円		契約締結時支払い
	②金銭預託		月1,000円		毎年1年分契約月に後払い
	③金銭管理		月12,000円		毎年1年分契約月に後払い
	④財産管理		月　　　円		毎年1年分契約月に後払い
	⑤推定相続人調査	○	40,000円	40,000円	契約締結時支払い
	⑥任意後見契約（公証人等費用も含む）				任意後見契約時支払い
	後見監督人選任申立（実費別）				申立時支払い
	後見人報酬（業務内容により変更あり）				効力発生後毎月支払い
	⑦法定後見申立				申立時支払い
	⑧戸籍謄本等取寄せ				
	⑨準一括・積立利用手数料				契約締結時支払い
	⑩消費税及び予備費	○		56,000円	
	合　　　計			126,000円	C

3 費用の内の「預託金」について

　53〜55ページの表「○○事業者（○○会）の契約による支払い内容についての一例」の中に金銭預託契約（保管金）、契約締結時支払金、金銭管理契約（弁護士費用を含む）とあります。
　つまり、これら3つの合計金額が190万円というわけです。
　この内、契約締結時支払金※は契約したのですから、支払金が指定の口座に振り込まれた時点、あるいは契約日の当日から支援が始まりますので、特に心配はないでしょう。
　また、弁護士費用についても具体的に金銭預託や月々の金銭管理をしてくれるわけですから、理解しやすいのではないでしょうか。気になる点は、金銭預託契約の中の葬送支援業務が入る預託金（保管金）についてです。
　つまり、**自分の死後この預託金がきちんと契約通り使用されるか否かという心配**です。さらには横領されるのではないかとか、途中解約時の返金トラブルなども頭をかすめます。
　お金の問題は双方にとっても最も悩ましい問題なのです。表の備考欄には「支援実施後支払い」と書いてある意味は「弁護士法人」の口座に預託されている預託金の中から「○○会」がその項目に相当する支援を行ったことを確認した後に、弁護士法人が○○会へ支払うという意味です。「法人」が「○○会」のチェック機能を果たしているわけです。さらには、委任者（お一人さま）に相続人が確定していれば、この支払い内容は相続人にも報告され相続人が確認できるようにもなっています。

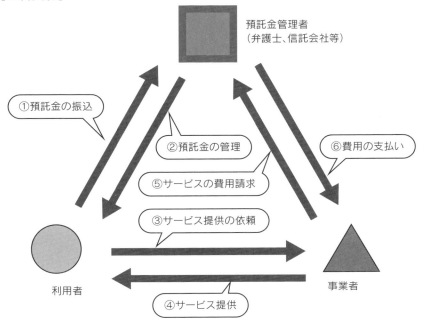

(出所)内閣府資料より

2章 「備え」への具体例

以上、述べてきましたように、主に預託金の管理方法を目的としたあり方の方法には、大別すると2つあります。

　事業者において管理する方法（二者契約）と、事業者の上部団体等の預託金管理者に管理を委託する方法（三者契約）です。そして、預託金管理の適正性と透明性をさらに確保するために信託会社と提携し、事業者からの必要経費の請求を公認会計士が確認した上で信託会社から信託銀行を経由して支払う方式をとっているところもあります。

　本文43ページでも信託会社の利用についてふれておきましたが、ここでもう少し信託会社について詳しく述べると共に、その他の工夫（方法）についてもふれておきましょう。

※契約締結時支払金……事業者によっては毎月の積立払いも可としているところもある。

■「信託会社」について

　取引の構図としては次ページのようになっています。

　その前に支援者や支援団体が「信託会社」を利用する理由としては、

「一般事業会社が受け入れた決済資金は『預り金』に該当し得ると考えられるため、出資法に抵触する恐れ」

「一般事業会社が隔地者間の現金を用いない資金移動に関わることについては、銀行法の為替取引規制に抵触する恐れ」

　この「2点の恐れ」を完全に避けるということでしょう。**それに資金保管中に信託会社が倒産しても、信託財産は信託法によって保護されている点も大きなメリットです。さらに、単なる預託金には税金がかかりますが、この方法だと税金がかからないというメリットもあります。**

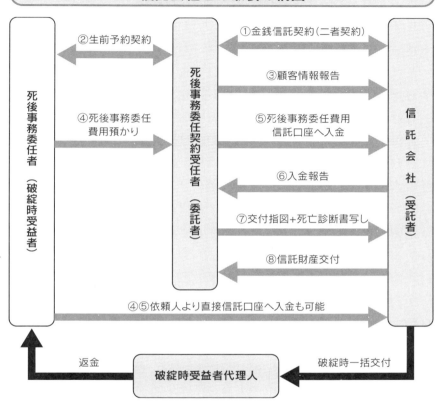

　なぜかといいますと、預託金は信託会社から信託銀行に預けられるからです。そして、すべての指示は死後事務委任契約受任者（支援者）→信託会社→信託銀行という順で行われますので、死後事務委任者（お一人さま）が預貯金のすべてを預託し毎月の必要経費、例えば入所費や入院費用を毎月支払ってもらうという契約でも確実に行われます。デメリットとしては、金銭信託契約1件につき30万円ほどのお金がかかることでしょうか。

■その他の預託金

　支援者側からすれば執行費用になりますが、その管理方法としては次のようなものが考えられますし、実際にこの方法をとっている支援者もあります。

　これらの──すべての支援者側にも言えると思いますが──**基本的考え方は、委任者（お一人さま）に支援者側が横領するなどと絶対思われたくないという視点に立っています。**

　1つは委任者（お一人さま）名義の銀行口座を新しくつくり、そこに預託金（執行費用）を預け入れて、遺言書によってその預託金受取人を支援者とするという方法です。この方法には預貯金は名義人が死亡すると口座は凍結され、すぐには引き出せなくなり、遺産分割後の引き出しという欠点がありますが、遺言書により保障されていますので安心です。

　2つ目としては生命保険契約の死亡保険金を預託金（執行費用）の金額に設定するという方法です。そして、遺言書で支援者を死亡保険金の受取人に指定します。

　この生命保険契約のメリットとしては、委任者（お一人さま）の負担は月々の保険料のみとなり、まとまった金額を一度に預託はしませんので、比較的採用しやすい方法かもしれません。保険の代理店などと相談すれば積立方式や掛捨て方式など最も適した保険を紹介してくれるでしょう。

　今日では時代を反映して、生命保険金の当日払いのサービスも増えてきました。

　例えば、ソニー生命では、まず担当者に連絡の上、専用の保険金請求書や死亡診断書など被保険者の死亡を証明する書類をファックスで送ります。

　当日払いを希望するなら、必要書類を午前11時まで本社に到着

することが条件になっています。他にも第一生命やプルデンシャル生命でもやっています。

当然のことながら、委任者が預託金の口座から預金を勝手に引き出したり、勝手に生命保険契約の解約をした場合は、その時点ですべての支援契約の解約となる契約内容になっていることは言うまでもありません。

主な保険金当日支払いサービス

社名（サービス名称）	限度額	請求締め切り
ソニー生命 （保険金クイックサービス）	1,000万円	午前11時
第一生命 （保険金クイックお受け取りサービス）	全額	午前10時30分
プルデンシャル生命 （保険金即日支払いサービス）	500万円	午前11時

なお、ソニー生命では掛金を開始後2年以上経過している契約についてのみ、などの条件がある。

それではここで、いくつかの法人や団体について、会員数や従業員数、職員の資格、商品や料金について調べられた、内閣府消費者委員会本会議（2016年）の追加資料として公表されているものを記載しておきましょう。

		NPO法人及び団体			
法人名		A社	B社	C社	D社
会員数		4,300人（累積）	200人	7,600人（累積）	3,000人（累積）
従業員数		47名	全国約180名	86名（東京9名）	115名（内契約職員100名）
職員の資格		ヘルパー、保健師、看護師、宅建主任、行政書士、生前契約アドバイザー	司法書士、行政書士、シルバーライフカウンセラー、ヘルパー2級	介護福祉士 社会福祉士	
セット商品		総合保障パック100	施設入居応援パック	身元保証制度	生涯プラン
1	身元保証人	○	○	○	○
2	施設や病院入所の手続き	○	○	○	○
3	退去時の居室の整理	別途精算	別途精算	別途精算	別途精算
4	安否確認（見守り）	○	○	○	○
5	緊急時の訪問	○	○	○	○
6	家事支援	3時間7,500円	1時間4,000円	200時間を超える場合は別途精算	前日予約1時間3,672円 当日予約1時間4,752円
7	財産管理	○	別途精算	別途精算	別途精算
8	任意後見	○	別途精算	別途精算	別途精算
9	死後事務	○	別途精算	○	○
月額経費		1,000円	5,000円	年会費1,000円	5,000円
最低セット料金（入会時費用含む）		100万円	97万円 葬儀、死後事務費別途	190万円	二者間契約：約121万円 三者間契約：約129万円
預託金の管理		NPO別法人	信託会社	提携弁護士法人	契約法人または別法人
備考		生前事務委任・任意後見・死後事務委任契約をパッケージで契約。それぞれの契約は公正証書にしている。	各種パックサービスを自由に組み合わせることができる。請求書を公認会計士が確認。	生活困窮者の支援制度があり、費用の月払い方法や福祉基金制度もある。	生活支援員を多数抱え、訪問サービスの対応を可能にしている。

○はセット料金に含む　　費用は調査（2014年11月）時点

4 「備え」への根本的勘違い

　これまで、サービス提供事業者や利用者について、さらには具体的支援内容や費用についても述べてきました。ですから、この『安心計画ノート』の読者の方々には以下のような疑問はないと思いますが、**一般的に根深く「なんとなく」勘違いされている点についてここではっきりさせておきたい**と思います。

> ①　お一人さまが死亡すれば、市町村で生前の手続きも、死後の手続きも、そしてその他の手続きも全部やってくれる。

　「行き倒れ」の場合、「賃貸住宅」などで亡くなった場合などが多いケースでしょうが、まず自治体と警察は遺体の引き取り手を探します。つまり、親族（相続人）です。親族がいない、あるいは引き取りを拒否された場合は「賃貸住宅での死」は、自治体ごとにつくられている「規則」に従って火葬され、提携先の寺院の合葬墓に納骨されます。

　行き倒れについては国の法律『行旅死亡人取扱法』が適用されます。

　つまり、共に多くのケースでは福祉関連予算からやむを得ず税金が支出されていくわけです。そして、「その他の手続き」については一切行われません。役所にはその権限がないからです。また、賃貸住宅の場合の遺品整理の費用は自治体からは一切出ません。すべて不動産オーナーの持ち出しになってしまうのです。遺体発見が長期間遅れた場合などは、賃貸住宅すべてを建て替えなくてはならないケースも出てきます。

　このように「**お一人さま**」が事前準備をしておかなければ、ライ

フラインのへの支払い等も含め、多くの人々に多大な迷惑をかけてしまうことにもなりかねないのです。

【行旅病人及行旅死亡人取扱法】
　行旅死亡人は該当する法律である『行旅病人及行旅死亡人取扱法』により、死亡推定日時や発見された場所、所持品や外見などの特徴などが市町村長名義にて、詳細に官報に公告して掲載される。行旅死亡人となると、地方自治体が遺体を火葬し遺骨として保存、官報の公告で引き取り手を待つこととなる。行旅死亡人の取り扱いにかかる費用は、以下に示す順で支払われる。
1　遺留品中に現金や有価証券があればそれを取り扱い費用に充てる。
2　遺留金銭で足りなければ、行旅死亡人が発見された地の市町村費をもって立て替える。
3　相続人が判明した場合、相続人に市町村費から支出した取扱い費用の弁償を請求する。

> ②　葬儀社と葬儀についての生前契約をしているから、いろいろな事務もしてくれるだろう。また、遺言書に死後の葬儀や納骨についてもいろいろ希望を書いて、友人に頼んでいるのでこれで安心。

　この『安心計画ノート』をお読みになった方はすぐにおわかりのように、葬儀や納骨は死後事務のほんの一部にしかすぎません。葬儀社はこの一部分を契約しただけにすぎないのです。
　それに**遺品整理や役所へのさまざまな届け出や手続きを実施する権限は一切ない**のです。

また、**遺言書による法的効力の範囲（法益）は主に財産の分与や処分の方法についてのみ**です。それ以外の手続きについて、例えば葬儀のあり方や納骨のしかたについて指定依頼しても法的効力はありません。
　ですから、それに対して反対する人がいた場合などは、友人は途方にくれるだけになってしまいます。
　なお、弁護士や司法書士の方々に聞くと、一度作成した遺言書（特に公正証書遺言書）は書き換えができないと思っている方も多いとのこと。
　しかし、そんなことはありません。何か、これではいけないと気がついた時点、あるいは気持ちが変わった時点で書き換えは何度でも自由です。

3章 「お一人さま」のための安心計画の契約準備

　さて、それでは「お一人さま」が住み慣れた地域で安心して生活できるためには何を、どのように準備しておけばよいのでしょうか。

　まず、そのためには、「お一人さま」の希望に沿った福祉サービス・支援がしっかりと受けられることが大切です。

　次に、不意のケガや病気での入院、認知症などによってコミュニケーションが難しくなったときなどに、「お一人さま」のサポートする人にとっても役立つことが大切です。そして、なによりも「お一人さま」の希望や指示が確実にわかり、それが実行されることが最も重要です。

　そのためには「お一人さま」の意向と希望を明確に、そして細かく決めておかなければなりません。さらには、そのことを信頼できる人や団体に託すためのキチンとした契約を結ぶことがより重要になってきます。

　以上の目的を完璧に行うために「援助の内容」を最も一般的と思える以下のように分けて、そのために必要な「準備」と「計画」をこれから具体的に述べていくことにしましょう。

　そしてよりわかりやすくするために「本当に契約する」ことを仮定して、進めていくことにします。

　言うまでもなく、以下に述べることは、こうでなければならない

ということではなく、「1つのケース」としてお考えいただければ幸甚です。

＊なお、3章と4章については足立区社会福祉協議会、府中市社会福祉協議会、調布市社会福祉協議会等の支援事業よりの資料をもとに加工、構成したもの。

【援助の内容】

　この契約におけるサービスの内容は、以下の表に掲げる［1］から［3］の項目の範囲内とします。また、サービス内容の詳細については、この3章に記されている、「契約準備」及び、次の4章で書かれる「安心計画」で具体的に定めた事務の遂行を行うこととします。なお、実際の現場では重要な書類を預かってほしいという要望が多いことから、「書類等預かりサービス」の欄も設けてあります。

[1] 安心サービス　（身元保証・葬送支援）…緊急支援のケースが多い	
（1）施設入所時 （身元保証契約者で希望者のみ）	・入所説明時の同席や、契約の立ち会い等 ・身元保証料や預貯金※による入所費用の支払い
（2）入院時 （身元保証契約者で希望者のみ）	・入院説明時の同席や、契約の立ち会い等 ・緊急入院した際の指定連絡先への連絡、主治医への情報提供、必要物品のお届け等 ・身元保証料や預貯金による入院費用の支払い
（3）死亡時	・預託金による火葬費用等の支払い ・生前の本人の要請による、葬儀・埋葬等及びその他の死後事務の支援
[2] 生活支援サービス　…　一般支援	
（1）手続き支援 （希望者のみ）	・預貯金の引き出し、預け入れ、公共料金等各種支払い手続き ・本サービスで使用する通帳・印鑑のお預かり・生活費のお届け ・区役所などの手続き ・郵便物の手続き ・本人の希望により弁護士・司法書士等への仲介
[3] 書類等預かりサービス	
（1）書類等預かり （希望者のみ）	・通帳等重要書類の預かり

※ここでの身元保証料や預貯金とは、委任者の意識がない場合や、緊急事態などで支払いができず、委任者との事前の合意（協議）のうえ、受任者が委任者より依頼されたとして支払いをするということを意味する。

「○○の会」※
お一人さまのための安心計画　契約準備

〈ここで書かれる内容は契約項目ないしは、契約項目に付随する支援を実施するための重要情報になります〉

　これから、「○○の会」安心計画の契約に向けて準備を始めます。
　この支援は、ひとり暮らしでも住み慣れた地域で安心して生活できるようにお手伝いすることを目的としており、基本的には「急な入院や亡くなられたときのことまで」を考えていますので、この点について細かく決めておきたいと思います。そのため、あなたの下記の内容の確認をさせていただくことになります。また、書きたくないこともあるかもしれません。それはそれでかまいませんが、この契約項目（内容）から除外されることだけは認識しておいてください。また、契約後には、月1回のお電話での体調等の確認、1年に1～2度ご自宅に訪問し、下記1.、2.の内容を再度確認させていただきます。ご理解の程よろしくお願いいたします。
※（以下、支援提供者側が任意につける会名を意味しています）

あなた自身のこと

氏　名		生年月日	年　　　月　　　日
住　所		電　話	

連絡リスト
緊急連絡先　あなたに「もしも」のことがあった場合、一番に知らせたい人は

氏名	あなたとの関係
住所	電話番号

1．利用条件について、確認します	確認する書類
・お子様はいらっしゃいますか？ ・何人兄弟ですか？ ・ご兄弟にお子様はいらっしゃいますか？	

同居していない親族は（子・孫・兄弟・姉妹・甥・姪など）

ご氏名	住　所	電　話	あなたとの関係

ご親族以外の身近な支援者は（友人、民生委員など）

ご氏名	住　所	電　話	あなたとの関係

2.「あなた」のことをお聞きします	確認する書類
・どちらの病院にかかっていますか？ ・どのような薬を飲んでいますか？ ・手帳（身障、知的、精神など）は持っていますか？ ・介護保険被保険者証はありますか？ ・医療保険被保険者証はありますか？ ・軽減される措置を受けていますか？	医療被保険者証 介護保険被保険者証 お薬手帳 身障手帳

あなたの健康と医療に関すること
これまでに経験した、大きな病気、入院、手術などは

....
....
....
....
....

現在の健康状態は（持病・傷害・アレルギーなど）

....
....
....
....
....

現在、服用している薬は

....
....
....
....
....

> 夕日を美しいと感じるのは、幼年期と老年期の特権かもしれません
> 金色（こんじき）の夕焼けは、陽の温かさと豊かさ、人恋しさを感じさせるからです
> 人はその空に身を染め、溶け込むのを願うのです

保険証等
例：自営業＝国民健康保険・企業のサラリーマン＝○○（会社名）健康保険・公務員＝○○共済組合

○○○○健康保険被保険者証：保険証番号	保険証の保管場所
後期高齢者医療被保険者証　　：医療証番号	医療証の保管場所
※保険の種類（大きく下記の3種類に分けられる） ・職域保険―企業のサラリーマン（協会健保・組合健保）・地方、国家公務員（公務員共済） ・地域保険―自営業者（国民健康保険） ・後期高齢者制度―75歳以上の人・65歳以上の寝たきりの人	

かかりつけ医は

医療機関名	担当医	電話番号
①		
②		
③		

あなたを支援してくれる人は
（1）医者からの説明のとき、支援員以外で同席してほしい人

①氏名	あなたとの関係
住所	電話番号
②氏名	あなたとの関係
住所	電話番号

(2) 入院時にあなたの保証人を頼める人は

氏名	あなたとの関係
住所	電話番号

(3) 入院時にあなたの身の回りの世話を頼める人は

氏名	あなたとの関係
住所	電話番号

(4) 入院時に連絡したい人は

氏名	電話	あなたとの関係
氏名	電話	あなたとの関係

あなたの生活について	確認する書類
・定期的な外出先はありますか？ ・ヘルパーさんなど介護保険の利用はしていますか？	ケアプラン

あなたの介護に関すること
要介護認定は（どれか1つに○）

受けていない ・ 申請中 ・ 更新中 要支援1 ・要支援2・要介護1・要介護2・要介護3・要介護4・要介護5

介護保険被保険者証は
　保険者証に有効期限はないが、要介護認定を受けた場合は更新や区分変更の手続きを行う。

保険証番号	保険証の保管場所

ケアマネジャーは

事業所名	担当ケアマネジャー名
電話	

あなたを支援してくれる人は
（1）主に介護を頼める人は

①氏名	あなたとの関係
住所	電話番号
②氏名	あなたとの関係
住所	電話番号

(2) 介護サービスを選んだり契約するときに頼りたい人は

氏名	あなたとの関係
住所	電話番号

介護が必要になったときに住みたい場所は（どれか1つに〇）
1. 自宅で家族の介護や介護保険のサービスを受けながら暮らしたい
2. 施設に入所して介護サービスを受けながら暮らしたい
3. その他　　具体的に：

_____
_____
_____
_____
_____
_____
_____

時は長く、みじかいもの
時はむごく、やさしいもの
時は美しく、哀しいもの
そして、時は教えてくれるもの

あなたの財産について	確認する書類
・預金はどのくらいですか？ ・タンス預金はありますか？ ・有価証券を持っていますか？ ・不動産を持っていますか？ ・民間保険に加入していますか？ ・貸付金はありますか？	預金通帳 民間保険証書 残高証明書

あなたの収入

収入の内容 (年金・給与等)	入金方法と入金先 (通帳名等)	入金時期	金額 (1か月当たり)
			円
			円
			円

あなた名義の預金

金融機関名 (○○銀行・△△郵便局)	口座の種類 (普通・定期等)	口座番号	カードの有無	通帳・カード・印鑑の保管場所
			有・無	
			有・無	
			有・無	
			有・無	

あなた名義の有価証券(株券、国債など)・会員権・その他の動産

種類・名称	証券番号や会員番号	証券等の保管場所

あなた名義の不動産

種類・名称	場所（住所）	共同名義人名 （いる場合のみ）	登記・権利書等の 保管場所
自宅の家屋			
自宅の土地			
その他の土地や建物			

民間保険への加入（生命保険・損害保険・火災保険　等）

種類	保険会社名	証券番号	月額保険料	証券の保管場所
			円	
			円	
			円	
			円	

あなたの負債について	確認する書類
（クレジットカードも負債です） ・住宅ローン、リフォームローンはありますか？ ・親族、近隣の方からの借金はありますか？	クレジットカード明細 借用書

あなたの負債（ローン・借入金）

借入先名	負債内容 （例：住宅・自動車）	担保の 有無	完済予定 年月	返済残額
				円
				円
				円

あなた名義のクレジットカード

会社名	カード番号	年会費	保管場所
		円	
		円	
		円	

貸付金（貸しているお金）

貸付相手		連絡先	電話
貸した日	年　　　月　　　日	貸付額	
証書の有無	□なし　　□あり　【保管場所：　　　　　　　　】		
残　債	残債　　　　　　円　（　　　年　　　月　　　日現在）		
返済方法			

あなたの定期的な収入、支出について	確認する書類
・年金はおいくらですか？ ・年金以外の定期的な収入はありますか？ ・借家の場合、家賃はいくらですか？ ・光熱費はどのくらいですか？ ・社会保険、税金はいくらですか？	年金振込通知書 個人年金証書 賃貸契約書 光熱費明細書

公共料金

種類	金額	支払い方法	支払日
電気料金	円	□ 集金　　□ 振込み　　□ 天引き □ 口座振替 …通帳名（　　　　　　　）	
ガス料金	円	□ 集金　　□ 振込み　　□ 天引き □ 口座振替 …通帳名（　　　　　　　）	
水道料金	円	□ 集金　　□ 振込み　　□ 天引き □ 口座振替 …通帳名（　　　　　　　）	
電話料金	円	□ 集金　　□ 振込み　　□ 天引き □ 口座振替 …通帳名（　　　　　　　）	
携帯電話料	円	□ 集金　　□ 振込み　　□ 天引き □ 口座振替 …通帳名（　　　　　　　）	
TV受信料	円	□ 集金　　□ 振込み　　□ 天引き □ 口座振替 …通帳名（　　　　　　　）	
	円	□ 集金　　□ 振込み　　□ 天引き □ 口座振替 …通帳名（　　　　　　　）	
	円	□ 集金　　□ 振込み　　□ 天引き □ 口座振替 …通帳名（　　　　　　　）	

人には、何十年も前のある風景が、脳のどこかに住み着いていて、何かの拍子に脈絡（みゃくらく）もなく甦（よみがえ）ることがあります
「人は他人に想像できないものを覚えている」ものです

税金・保険・民間保険

種類	金額	支払い方法	支払日
所得税	円	☐ 集金　　☐ 振込み　　☐ 天引き ☐ 口座振替 …通帳名（　　　　　　　　）	
住民税	円	☐ 集金　　☐ 振込み　　☐ 天引き ☐ 口座振替 …通帳名（　　　　　　　　）	
固定資産税	円	☐ 集金　　☐ 振込み　　☐ 天引き ☐ 口座振替 …通帳名（　　　　　　　　）	
自動車税	円	☐ 集金　　☐ 振込み　　☐ 天引き ☐ 口座振替 …通帳名（　　　　　　　　）	
介護保険	円	☐ 集金　　☐ 振込み　　☐ 天引き ☐ 口座振替 …通帳名（　　　　　　　　）	
国民健康保険	円	☐ 集金　　☐ 振込み　　☐ 天引き ☐ 口座振替 …通帳名（　　　　　　　　）	
生命保険 (医療・傷害・終身)	円	☐ 集金　　☐ 振込み　　☐ 天引き ☐ 口座振替 …通帳名（　　　　　　　　）	
火災保険	円	☐ 集金　　☐ 振込み　　☐ 天引き ☐ 口座振替 …通帳名（　　　　　　　　）	
地震保険	円	☐ 集金　　☐ 振込み　　☐ 天引き ☐ 口座振替 …通帳名（　　　　　　　　）	
自動車保険	円	☐ 集金　　☐ 振込み　　☐ 天引き ☐ 口座振替 …通帳名（　　　　　　　　）	
	円	☐ 集金　　☐ 振込み　　☐ 天引き ☐ 口座振替 …通帳名（　　　　　　　　）	
	円	☐ 集金　　☐ 振込み　　☐ 天引き ☐ 口座振替 …通帳名（　　　　　　　　）	
	円	☐ 集金　　☐ 振込み　　☐ 天引き ☐ 口座振替 …通帳名（　　　　　　　　）	

その他の定期的な支払い
例：町会などの会費、ローン返済、介護保険のサービス利用料、家賃など

種類	金額	支払い方法	支払日
家賃	円	□ 集金　　□ 振込み　　□ 天引き □ 口座振替 …通帳名（　　　　　　　）	
施設費	円	□ 集金　　□ 振込み　　□ 天引き □ 口座振替 …通帳名（　　　　　　　）	
新聞代	円	□ 集金　　□ 振込み　　□ 天引き □ 口座振替 …通帳名（　　　　　　　）	
	円	□ 集金　　□ 振込み　　□ 天引き □ 口座振替 …通帳名（　　　　　　　）	
	円	□ 集金　　□ 振込み　　□ 天引き □ 口座振替 …通帳名（　　　　　　　）	
	円	□ 集金　　□ 振込み　　□ 天引き □ 口座振替 …通帳名（　　　　　　　）	

賃貸住宅にお住まいの方は

名義人名		保証人氏名	
契約書の保管場所			
不動産会社または貸主の連絡先	住所：		
	不動産会社または貸主名：		
	電話番号：		

遺言書の作成について	確認する書類
・遺言書を作成したことはありますか？ ・あなたの亡き後、あなたの財産は誰に譲りますか？ ・ご自宅の荷物も財産です。どうしますか？ ・自宅（持ち家）を、どのように譲りますか？ ※遺言書の作成には費用がかかります。 ※印鑑証明書、戸籍謄本、登記簿謄本、通帳のコピー等が必要になります。	印鑑証明書 戸籍謄本 登記簿謄本

秋風が立って、はじめて初夏のキラめきを思い出すのは、人の世の常かもしれません
それはあたかも、夏の名残りのような朝顔が、秋風の中に自らの滅びのときを忘れて咲き続けているのに似ています

3章　「お一人さま」のための安心計画の契約準備

1. 遺言に関することは

遺言書の有無　　あり　・　なし　　（どちらかに○）

(1) 種　類　　公正証書遺言　・　自筆証書遺言　・　秘密証書遺言　・　その他

(2) 作成年月日　　昭和　・　平成　　　年　　　月　頃

(3) 保管場所　　（　　　　　　　　　　　）

(4) 遺言作成の関係者

弁護士	氏名	電話
司法書士	氏名	電話
遺言執行者	氏名	電話

(5) 遺言信託　　していない・している
　　　　　　　　　信託会社名　（　　　　　　　　　　　　　　　）

参考1

公正証書遺言作成の手数料

財産価格	手数料
100万円まで	5,000円
200万円まで	7,000円
500万円まで	11,000円
1,000万円まで	17,000円
3,000万円まで	23,000円
5,000万円まで	29,000円
1億円以上3億円まで	43,000円に5,000万円まで毎に13,000円を加算
3億円以上10億円まで	95,000円に5,000万円まで毎に11,000円を加算
10億円以上	249,000円に5,000万円まで毎に8,000円を加算

（注）相続人が1人の場合の手数料。2人以上の場合は各人毎に計算した金額の合計額になる。
　　遺言対象財産総額が1億円以下の場合は、手数料（2人以上の場合は手数料合計額）に11,000円を加算。

1	公証役場を選ぶ

全国に約300ある公証役場は自由に選べる。日本公証人連合会サイトに一覧表あり。電話で相談日時を予約する。

2	公証人と面談

遺言内容の希望を伝える。本人確認書類（運転免許証など）、戸籍謄本、不動産の登記簿など必要書類を確認。
証人2人のあてがなければ紹介を依頼する。

3	文案づくり

公証人が作成した文案に間違いがないか、メールやファクスのやりとりで確認

4	公正証書の完成

日時を決めて公証役場に出向き、証人立ち会いのもとで最終確認。原本は公証役場で保管し、正本や謄本を受け取る

（注）公証人役場での相談は、無料。

参考2

公正証書遺言を考えるヒント

★相続をする方がいない場合……
特別な事情がない限り、遺産は国庫に帰属します。
（＝国のものになる）

★相続できる親族がいる場合……
特に指定がない場合、法定相続となります。
　　○法定相続のうち、特定の人だけに相続させたい
　　○遺産を親しい人やお世話になった人にあげたい
　　○お寺や教会・社会福祉関係の団体等に寄付したい
などの場合は、その旨を遺言書にしておく必要があります。

異なった世界の入り口なのでしょうか
山小屋のランプの灯の中に、
来しかたの落とし物を探すのです

参考3

遺言の準備

〈遺言作成で指定する項目〉
①財産の処理
　例えば、「お世話になった長男の嫁に財産を残したい」「埋葬を希望している寺に贈りたい」と思ったときは、

> 誰（どこ）に→氏名（団体名称）・連絡先など詳細を指定
> 何を　　　→銀行預金の場合は銀行名・支店・預金種類・口座番号・名義人を指定

②債務の精算について
　・未払いの光熱費・電話代の支払い・家賃精算など、生活の場の後始末の手続き
　例えば、「遺言執行者※にお願いします」

> ※遺言執行者とは
> 　遺言通りに実行してくれる人のことです。遺言で指定された人か裁判所で選ばれた人がなります。「お一さま安心計画支援」では、依頼があればあらかじめ会指定の弁護士や司法書士に依頼するシステムをとっています。

③葬祭の執行
　例えば、「遺言執行者にお願いします」「○○寺にお願いします」
④埋葬
　以下のようなことを明記しておきます。
　・お墓のある場合・墓所の名称・墓所の住所・管理連絡先の電話番号
⑤家財処分
　例えば、「遺言執行者には会指定の○○司法書士さんにお願いします」「会指定の○○弁護士さんにお願いします」と明記しておきます。
　この言葉を入れておくと、お一さまのための安心計画支援で関わった担当者が弁護士や司法書士の補佐としてお手伝いできます。
⑥遺言執行者
　例えば、「この遺言の執行者として会指定の○○司法書士を指定します」と明記しておきます。
⑦遺言執行にかかる報酬
　　弁護士や司法書士の報酬基準に準じます。

空に帰っていった「愛」に、無限のいとおしみと、懐かしさを感じるのです

〈証人の準備〉
- 公正証書遺言の場合、作成時に2人の証人が立ち会います。
- 証人をしてくれる人が見つからない場合は、公証役場が用意します。
  1人、1回当たり5,000～6,000円の日当が必要。出張の場合は別途。

■公正証書遺言作成のために
○申請時に必要なもの
　　①遺言者の印鑑登録証明書
　　②遺言者と相続人の関係がわかる戸籍謄本
　　　（相続人以外の第三者への遺贈の場合は、その第三者の住民票）
　　③土地建物の登記簿謄本（借地の場合は土地賃貸借契約書）
　　④土地建物の固定資産税納付通知書
　　⑤預貯金（預け先）、保険契約証書、有価証券などの明細がわかるメモ
　　⑥遺言内容の確定（相続分の指定・遺言執行者の指定・祭礼執行者の指定など）
○作成時に必要なもの
　　①遺言者の実印　　②証人2人の立ち会い　　③証人の印鑑（認印で可）

---

2. 相続に関することは

1. あなたの財産の相続について（どちらかに○）
　　・「法定相続」（法で定められた相続：次ページ参照）にしたい
　　・「法定相続」以外の相続にしたい

　相続について、下記に記入しながら整理してみましょう。

【相続】			
相続させたい人の氏名	続柄	相続させたい財産	現在の金額（評価額）

【遺贈】……遺言によって遺産を他の方に譲与すること			
遺贈したい人の氏名	続柄	遺贈したい財産	現在の金額（評価額）

相続させたくない人
　あなたに対する虐待や重大な侮辱、著しい非行があった場合などに限られます。

氏名

■「法定相続」で、あなたの財産を相続する権利のある方

①あなたの配偶者（内縁の妻は認められません）
②子（実子・養子、嫡出子・非嫡出子は問いません）　子が死亡していればその孫が相続※
③直系尊属（あなたの父母・祖父母）
④兄弟姉妹　　兄弟姉妹が死亡していればその甥姪が相続※
※①（配偶者）と②（子）は必ず相続することができる。
　③④は、あなたに子（孫）がいない場合のみ相続の権利がある。

葬儀・埋葬について	確認する書類
・葬儀は行いますか？ ・お墓はありますか？ ・お墓の管理は誰が行っていますか？ ・永代供養を済ませてありますか？ ・戒名はありますか？	

葬儀・埋葬に関することは
　お一人さま安心計画支援では、原則、葬儀を執り行う。直葬を希望される場合は、あらかじめその旨支援者に伝えておくか、葬儀会社と生前契約を結んでもらいます。

葬儀の希望
　葬儀について、決めていること・希望することがあれば、まとめておきましょう。

葬儀の予約	未　・　済
互助会の加入	無　・　有 （互助会名　　　　　　　　　　　　　　　　　）
葬儀会社	決めていない　・　決めている（具体的に） 会社名（　　　　　　　　　　　） 電　話（　　　　　　　　　　　　）
葬儀形式	例：直葬、社葬、お別れの会など、具体的に書いておきましょう。
宗　　教	宗教（　　　　　　　　　　　　　） 宗派（　　　　　　　　　　　　　）
式　　場	名称（　　　　　　　　　　　） 電話（　　　　　　　　　　　　）
予　　算	円
喪　　主	氏名（　　　　　　　　　　　） 電話（　　　　　　　　　　　　）
★このほかに、以下のようなことについて、決めていることや特別な希望があれば、遺言やこの書類にのこしたり、身近な人に伝えておきましょう。 ・祭壇・飾りつけ・音楽・お花・遺影・仏衣・戒名・霊柩車・お棺・お棺に入れて欲しいもの ・骨壺・香典・香典返し・通夜ぶるまい・新聞の訃報報告・連絡してほしい人や団体・寄付や遺贈等	

埋葬の希望

(1) お墓に埋葬してほしい方
　お墓はありますか（1つに○）

◆お墓のある方・購入の予定が具体的に決まっている方

墓地の住所	
管理連絡先	名称 電話
菩提寺や教会	名称 電話

(2) お墓への埋葬以外の方法を希望する方
◆方法

埋葬方法	散骨　・　樹木葬　・　その他具体的に （　　　　　　　　　　　　　　　　　　　　）
埋葬場所	

◆執り行う団体

名　　称	
電話番号	

★お墓以外の埋葬方法を希望する場合は、埋葬を執り行う事業者・団体との生前契約が必要。

位牌・遺骨の供養について	確認する書類
• ご自宅に位牌や遺骨がありませんか？ • あなたが亡くなられた後の供養の方法は決めていますか？	

4章 「〇〇の会」お一人さまのための安心計画——具体的指示

　さて、3章で安心計画のための準備は「お一人さまのための安心計画契約準備」で調いました。
　4章では3章の内容を踏まえて、さらに実行するための、主に「具体的指示」の点を明確にしておきます。その中には支援内容に対する費用の点でも納得し、契約内容としておかなければなりません。

　　　　　　　　　　　　　様と〇〇の会は、契約及びそれに伴う具体的な費用（別紙）に基づいて次の通り、支援の内容を定めました。
　契約書第〇条に基づき〇〇の会は、　　　　　　　　　　様からの希望により、この計画に定められた範囲で　　　　　　　　　様から指示や同意がなされたものとして支援を行うこととします。
　なお、〇〇の会は、おおむね月に1回の電話と1年に1回〜2回の訪問により、　　　　　　　　様に何か変わったことがないか、困りごとがないか、「安心計画」の内容に変更すべき点がないかなどを確認します。
　意識低下や認知症等による判断能力の低下などの理由で、　　　　　　　　様からの要望・依頼が得られなくなった場合には、あらかじめ　　　　　　　　　様より聞き取ったご意向に沿えるよう、地域の包括支援センター等に報告したり、専門家に相談し、

最善の方法を検討して、成年後見制度への移行等ができるよう依頼します。

　　　　　　　　　　　　　　　平成　　年　　月　　日

○○法人「○○の会」住所 _____

　　　　　理事長 _____ 印
　　　　　TEL _____
　　　　　FAX _____

1 安心サービス（身元保証・葬送支援）……67ページ参照

◆以下の**(1)、(2)、(3)**については本人の希望により○○の会との身元保証契約を結ばれた方についてのみ適用されます。

(1) 施設入所時

　有料老人ホームや特別養護老人ホームなどの施設に入所（転所の場合を含む）するときに、必要に応じて以下の支援を行います。

① 施設からの契約内容など、重要な説明が行われるときに○○の会の担当者が同席します。

② 施設入所契約時に保証人を求められ、施設の了承を得られた場合、契約に基づき、保証人に準じた支援をいたします。

③ 判断能力の低下等により、入所費用の支払いが滞ってしまった場合、まず、お預かりしている場合はその通帳の預貯金で、それでも足りない場合は本人からの7日以内の補填を前提として身元保証料の中から支払いを代行します。

（2）入院時

病院等に入院するときに、必要に応じて以下の支援を行います。

① 病院からの入院契約など重要な説明が行われるときに同席します。
② 入院契約時に保証人を求められ、病院の了承を得られた場合、契約に基づき、保証人に準じた支援を行います。
③ 緊急時等により、入院費用の支払いが滞ってしまった場合、原則としてお預かりしている場合はその通帳の預貯金で、それでも足りない場合は本人からの7日以内の補填を前提として身元保証料の中から支払いを代行します。
④ 医療行為にかかわる説明や同意の場面に○○の会の担当者が同席し、適切な説明が行われるよう支援します。ただし、医療同意は行えません。
⑤ 水道・光熱、新聞等の利用休止手続き、郵便物の確認などを代行します。そのために必要な場合には、立会人の同席もしくはやむを得ない場合は担当者一人により、ご自宅への立ち入りを行います。

（3）緊急の入院時

事前の準備を行う間もなく入院された場合には、（2）の支援の他、以下の内容について支援を行います。そのために必要な場合には、立会人の同席もしくはやむを得ない場合は担当者一人により、ご自宅への立ち入りを行います。

なお、以下の①・②の支援を行うにあたって必要な場合には、指定連絡先以外のご親族等にも協力を求める場合があります。

① 指定連絡先への連絡や入院中の必要物品のお届け

指定連絡先	氏　名			続柄	
	連絡先				
	特記事項				
入院時の必要物品	無・有　（				）
	保管場所				

入院セットをご準備できていない場合や過不足がある場合には、入院先の指示により支援させていただきます。

② 医療機関への情報提供

　必要に応じて別途作成の「医療サービスに関する私の意思」（127ページ参照）の提出のほか、かかりつけ医・疾病・服薬・既往症等あらかじめ聞き取った情報を医療機関に提供します。

（4）死亡時

　お亡くなりになった場合、当会との契約書の内容に沿って、あるいは公正証書遺言の依頼があり、作成された人についてのみ、その公正証書遺言の内容に沿って、以下の①〜③の支援を行います。

　なお、指定連絡先に連絡がつかない場合には、契約書の内容に沿って、あるいは遺言執行者と協議の上、搬送、火葬等の支援を執り行います。また、以下の支援を行うにあたって必要な場合には、指定連絡先以外のご親族等にも協力を求める場合もあります。

① 遺言執行者・指定連絡先への連絡

遺言執行者	氏　名	
	連絡先	TEL：
指定連絡先	有	
	氏　名	続柄
	連絡先	TEL：
	特記事項	

② 葬儀・埋葬について

		生前契約	
葬儀	内　容		
	連絡先		
	特記事項		
埋葬	埋葬先		
	連絡先		
	管理会社		
	連絡先		
	特記事項		

4章　「○○の会」お一人さまのための安心計画──具体的指示

③　その他の死後事務や相続・財産処分等

　遺言執行者がいればその人とともに、関係法令に基づく必要な死後事務や公正証書遺言の内容に沿った相続・財産処分等に協力します。

本籍地	

（5）自宅・居室への立ち入りについて

　入院時のサービス等で、自宅・居室への立ち入りが必要な場合に備え、以下の通り、鍵をお預かりします。立ち入りが必要な場合には、原則、希望する立会人同席の元に行いますが、緊急時等、立会人の都合がつかないときには、担当者一人で行います。

お預かりする鍵の種類・本数	
入室時に希望する立会人（関係・連絡先）	TEL：

　施設に入居等の事情で鍵をお預かりしていない場合には、管理人等に鍵開け・同席を依頼して立ち入ります。

2 生活支援サービス……67ページ参照

◆入所や入院時及びそれ以外でご依頼に応じて、以下に関する手続き・相談・助言を行います。訪問が必要な場合は訪問します。

(1) 福祉サービス利用支援

　　福祉サービスの利用や苦情解決制度の利用について、相談・情報提供・助言などを行います。

(2) 日常的金銭管理及び手続き支援（(3)の会本部で管理するものとは別の通帳）

(3) 本人の希望により、会本部でお預かりする通帳

代理権		有　・　無	
使用する通帳	金融機関		印影
	支店		
	種類		
	口座番号		
	キャッシュカード	無・有（暗証番号　　　　　　　　　　）	
使用する通帳	金融機関		印影
	支店		
	種類		
	口座番号		
	キャッシュカード	無・有（暗証番号　　　　　　　　　　）	

3 書類等預かりサービス……67ページ参照

◆以下の通帳や重要書類等を○○の会本部がお預かりします。

種類	書類を特定する事項・印影等	書類の数

4 その他の会本部での預かり物

死後事務に関する依頼書等

5 特記事項

死後における預けた書類等の返却先など

> **別紙**
「○○の会」におけるさまざまな支援内容についての具体的な費用

　『契約準備』『お一人さまのための安心計画』によって打ち合わせをし、決めたもの以外についての費用は一切発生しません。また、「着手時」の表示のものは契約着手時に、「契約時」及び「預託金」の表示のものは契約完了日後の1週間以内にお支払いいただき、預託金は○○本部に預託され、原則として委任者本人の死亡時以外、誰も手をつけることはありません。

　さらに審査会（弁護士、司法書士、税理士、各理事）によって預託金は常にチェックされます。入金を確認後、会から領収書、預かり証を発行します。

　また、67ページ「援助の内容」の安心サービス内の「死亡時」については預託金（表の7～24）の中に含まれています。

	項目	支援内容	決定事項	費用
1	着手金　　　　（着手時）	「契約準備」「お一人さまのための安心計画」に従って、面談し説明して実行の場合		円
2	入会金　　　　（契約時）	「○○の会」会員資格のため		円
3	本会による安心計画契約書及び死後事務委任契約書等作成手続き（契約時）	面談し、その内容に従って契約書原案の作成、司法書士との打ち合わせ、作成手続き		円
4	会としての事務管理費（契約時）	会としての、今後の事務処理及び預託金の管理		円
5	契約期間中の会費（契約時）	会員としての会からの連絡、情報提供		円
6	委任者本人の希望により身元保証料（契約時）	入院や入所の身元保証、委任者本人からの補填を前提として、発生した未払い債務（入院・入所費用の一部等）の支払い		円

	項目	支援内容	決定事項	費用
7	〈7～24は預託金〉 役所への死亡届けの提出・戸籍関係の諸手続き及び運転免許証・パスポート等の返納手続き	市区町村役場に死亡届けの提出。埋火葬許可証を受領し、マイナンバーカード（住基カード）や印鑑登録証の返納手続き及び運転免許証、パスポート等の発行機関への返納手続き		円
8	健康保険、公的年金等の資格抹消手続き	住所地の役所で国民健康保険や介護保険の資格抹消手続き、国民年金などの資格抹消手続き		円
9	勤務先企業・機関の退職手続き	勤務先担当者と連絡し、退職手続き、未払い賃金の受領、健康保険、厚生年金などの資格抹消手続き、所得税の年末調整手続き		円
10	病院や医療施設などからの退院・退所手続き	担当医から死亡診断書を受領し、葬儀社へ連絡してご遺体お引き取りの手配後、病室の退室及び入院費や入居費の精算手続き		円
11	葬儀・火葬に関する手続き	生前の意思確認書に従って関係者や会葬者に連絡し、葬儀及び火葬を行う		円
12	納骨に関する手続き（合祀永代供養墓・納骨堂・樹木葬他）	生前の意思確認書に従って納骨・法要。なお、実施方法はその寺院独自による		円
13	建墓または墓地の墓じまいについての手続き	生前の意思確認書に従って建墓あるいは墓じまいを実施		円
14	尊厳死宣言の公正証書による作成手続き	宣言書内容の協議→原案の作成→公証人との打ち合わせ		円
15	戒名についての手続き	生前の意思確認書に従って		円

	項目	支援内容	決定事項	費用
16	相続人調査の手続き	遺産相続について相続人調査依頼があった場合（弁護士費用を含む）		円
17	住居内の遺品整理の手続き	遺品整理会社に依頼し、住居内の遺品を整理、撤去。形見分けや寄付があれば、指定先との受け渡しの手配		円
18	住居引越しまでの管理の手続き	大家さんや管理人、不動産会社と連絡調整を行い、家賃の精算と部屋の引渡しの手続き		円
19	公共サービス等の解約・精算手続き	電気・ガス・水道のほか、電話や新聞、インターネットプロバイダ、クレジットカード、NHK受信料、ケーブルテレビ、健康保険料、介護保険料、国民年金保険料の解約及び利用料金の精算などの諸手続き、葬祭費受給の手続き		円
20	住民税・固定資産税の納税手続き	住民税や固定資産税、自動車税の納税通知書を受け取り納税代行手続き		円
21	ペット引渡しの手続き	残されたペットを希望先へ連絡して引き取って頂くまで世話する手続き		円
22	SNS・メールアカウントの削除手続き	ツイッター・フェイスブックなどのSNS、メールアカウントの削除の手続き		円
23	銀行預金・郵便貯金・生命保険・火災保険・地震保険・自動車保険の解約手続き	銀行や郵便局、保険会社・証券会社へ連絡し解約の手続き		円

	項目	支援内容	決定事項	費用
24	予備費（なお、使用しなかった残金分は相続人に返却、または他の人に寄付）	寺院の交通費、通信費、希望する葬儀のあり方への予備、あるいは火葬場担当者への謝礼、納骨や建墓あるいは戒名料への予備、遺品整理費への予備、住居引越しまでの家賃への予備、公共サービスの精算、住民税・固定資産税の納税への予備		円

5章 「○○の会」お一人さまのための安心計画——契約書

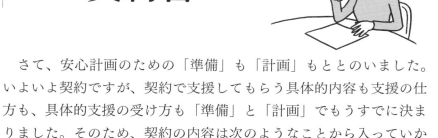

　さて、安心計画のための「準備」も「計画」もととのいました。いよいよ契約ですが、契約で支援してもらう具体的内容も支援の仕方も、具体的支援の受け方も「準備」と「計画」でもうすでに決まりました。そのため、契約の内容は次のようなことから入っていかねばならないはずです。

　　委任者＿＿＿＿＿＿＿＿＿様（以下「甲」という）及び受任者○○法人「○○の会」（以下「乙」という）は、次の通り「○○の会」お一人さまのための安心計画におけるサービス（以下サービスという）に関する契約を締結する。

【契約の目的】
第1条
乙は甲に対して、将来予想される生活上の支障を予防するために、甲との長期間の契約によって支援を提供する。
2　お一人さまにとって、特に大きな生活上の支障である保証人の問題に対して、希望により福祉施設や病院等の求める保証人機能に準じた支援を実施する。
3　また、この契約は別途作成したお一人さまのための安心計画の

契約準備（以下、「契約準備」という）及び、「〇〇の会」お一人さまのための安心計画（以下、「安心計画」という）で具体的に定めた死後事務の遂行を行う。

　次に２条として３章で述べた「援助の内容」が入り、その後には「支援の計画」として「契約準備」や「安心計画」で書かれた内容に基づき支援が行われること、「支援の担当者」は誰であるかということ、「安心計画を変更する場合」、「監査や審査」はどうするのか、「書類等の保管」、「預託金」について、「解約」のときはどうするか等が書き込まれていきます。
　これらの契約内容は、支援受任者のあり方（個人か法人か）や、預託金や支援内容についてはどのようなチェック体制をとっていくのか等によって異なってくることでしょう。
　そして、この中で必要に応じて（委任者本人の希望により）任意後見契約公正証書や尊厳死宣言公正証書、あるいは遺言公正証書等を別途作成するという契約内容となっていきます。
　これらの作成にあたっては、支援者（受任者）が対応してくれることは言うまでもありません。
　以上のように「お一人さま」と「支援者」の間には前提としてこのような私文書による包括的な「契約書」が必要でしょう。
　ところが、この『安心計画ノート』で述べてきた契約内容についてのすべては、全く別々の個々の内容にはなっていきますが、実は公正証書で作成することもできるのです。
　任意後見契約公正証書から始まって（これは公正証書でなければなりませんが）、継続的見守り契約公正証書、財産管理等委任契約公正証書、死後事務委任契約公正証書、尊厳死宣言公正証書、遺言公正証書のすべてです。

自分にとってこれらの契約内容の内どれが別途必要なのか、そして、その内容については自分としてどのように考え、どのように処置をしようと思っているのかを具体的に考慮し、決めておかねばなりません。
　それでは、前記6種類の「ヒナ型」を順次掲載していきましょう。
　これらを参考として、自分にとっての必要な契約内容はどれで、どうあるべきかの下書きをつくることができますし、下書きまでいかなくても自分としての具体的判断材料にはなるはずです。
　そのような意味でどうかご活用ください。
　それでは、任意後見契約公正証書、継続的見守り契約公正証書、財産管理等委任契約公正証書、死後事務委任契約公正証書、尊厳死宣言公正証書、遺言公正証書の順で各々の1つの例として順次述べていくことにしましょう。

任意後見契約は、認知症などによって、自己の判断が不十分になった場合に備え、前もって信頼できる任意後見人を決め、財産管理や生活上の事務について代理権を付与する契約です。

　この任意後見契約では、後見人に親権者を選任した場合を除き、有償契約が一般的です。

　この契約は、私文書ではなく、公正証書で結ぶことが法律で定められています。

　この「ひな形」を参考に、自分にとっての任意後見契約のあり方の下書きをつくることができます。このときのポイントは"任意後見人に何を依頼するのか"が重要なポイントです。

＋＋＋＋＋＋＋＋＋＋＋＋＋＋＋＋＋＋＋＋＋＋＋＋＋＋＋＋＋＋

1　| 任意後見契約公正証書 |

　　　　　　　　　　　　　　　　　　　平成　　年　　月　　日
委任者○○○○（以下「甲」という）と、受任者○○○○（以下「乙」という）との間において、次の通り任意後見契約（以下「本契約」という）を作成する。

［契約の目的］
第1条
甲は、乙に対し、本日、任意後見契約に関する法律にもとづき、同法第4条第1項所定の要件に該当する状況（精神上の障害により事理を弁職する能力が不十分な状況）における甲の生活、療養看護及び財産の管理に関する事務（以下「後見事務」という）を委任し、乙はこれを受任する。

［契約の発効］
第2条
1　本契約は、任意後見監督人が選任されたときから効力を生ずる。
2　本契約締結後、甲が任意後見契約に関する法律第4条第1項所定の要件

に該当する状況になり、乙が本契約による後見事務を行うことを相当と認めたときは、乙は、家庭裁判所に対し任意後見監督人の請求をする。
3 本契約の効力発生後における甲と乙との間の法律関係については、任意後見契約に関する法律及び本契約に定めるもののほか、民法の規定に従う。

［後見事務の範囲］
第3条
甲は、乙に対し、別紙代理権目録記載の後見事務を委任し、その事務処理のための代理権を付与する。

［意思尊重義務・身上配慮義務］
第4条
1 乙は、本件後見事務を処理するにあたっては、甲の意思を尊重し、かつ甲の身上に配慮するものとし、その事務処理のため、適宜、甲と面接し、弁護士その他甲の日常生活援護者らから、甲の生活状況につき報告を求め、甲の主治医その他医療関係者から、甲の心身の状態につき説明を受けることなどにより、甲の生活状況及び健康状態の把握に努める。

［証書等の保管等］
第5条
1 乙は本件後見事務処理のために必要な次の証書及びこれらに準ずるものの引渡しを受けたときは、甲に対し、その明細及び保管方法を記載した預かり証を交付する。
　①登記済権利証
　②実印、銀行印
　③印鑑登録カード・住民基本台帳カード・個人番号カード（いわゆるマイナンバーカード）・及び通知カード
　④預貯金通帳
　⑤各種キャッシュカード
　⑥有価証券・その預かり証
　⑦年金関係書類

⑧土地・建物賃貸借契約書等の重要な契約書類
　⑨貸金庫の鍵
2　乙は、本契約の効力発生後、甲以外の者が第1項記載の証書などを占有所持しているときは、その者からこれら証書等の引渡しを受けて、自ら保管することができる。
3　乙は、本件後見事務を処理するために必要な範囲で、第1項記載の証書等を使用するほか、甲宛の郵便物その他の通信を受領し、本件後見事務に関連すると思われるものを開封することができる。

［費用の負担］
第6条
乙が本件後見事務を処理するために必要な費用は、甲の負担とし、乙は、その管理する甲の財産から、これらを支出することができる。

［報酬］
第7条
1　乙の本件後見事務処理は、1か月金○円とする。
2　本件後見事務処理を1か月金○円とすることが、次の事由により不相当となった場合には、甲及び乙は、任意後見監督人と協議の上、これを変更することができる。
　①甲の生活状況又は健康状態の悪化
　②経済情勢の変動
　③その他、本件後見事務処理を1か月金○円とすることを不相当とする特段の事情の発生。
3　前項の場合において、甲がその意思を表示することができない状況にあるときは、乙は、任意後見監督人の書面による同意を得て、これを変更することができる。
4　第2項の変更契約は、公正証書によってしなければならない。

［報告］
第8条
1　乙は、任意後見監督人に対し、3か月ごとに、本件後見事務に関する次の

事項について書面で報告する。
　①甲の生活状況及び健康状態
　②乙の管理する甲の財産の管理状況
　③甲を代理して取得した財産の内容、取得の時期・理由・相手方及び甲を代理して処分した財産の内容、処分の時期・理由・相手方
　④甲を代理して受領した金銭及び支払った金銭の状況
　⑤甲の身上看護について行った措置
　⑥費用の支出及び支出した時期・理由・相手方
　⑦報酬の定めがある場合の報酬の収受
2　乙は、甲又は任意後見監督人の請求があるときは、いつでも速やかに、その求められた事項につき報告する。

［登記申請義務］
第9条
甲又は乙は、成年後見登記の登記事項に変更が生じた場合には、速やかに、その旨の申請をしなければならない。

［契約の解除］
第10条
1　任意後見開始前は、甲又は乙は、いつでも公証人の認証を受けた書面によって、後見契約を解除することができる。
2　任意後見開始後においては、甲又は乙は、正当な事由がある場合に限り、家庭裁判所の許可を得て、本契約を解除することができる。

［契約の終了］
第11条
1　本契約は次の場合に終了する。
　①甲又は乙が死亡、若しくは破産したとき
　②乙が後見開始、保佐開始、若しくは補助開始の審判を受けたとき
　③乙が任意後見人を解任されたとき
　④甲が任意後見監督人選任後に後見開始、保佐開始、若しくは補助開始の審判を受けたとき

⑤本契約が解除されたとき
2　任意後見監督人が選任された後に、前項各号の事由が生じた場合は、甲又は乙は、速やかにその旨を後見監督人に通知するものとする。
3　任意後見監督人が選任された後に、第1項各号の事由が生じた場合、甲又は乙は、速やかに任意後見契約の終了の登記を申請しなければならない。

［代理権目録］
1　土地、建物、預貯金、動産等甲に帰属するすべての財産の保存、管理及び処分
2　金融機関、証券会社とのすべての取引
3　保険契約（類似の共済契約等を含む）に関する取引
4　定期的な収入の受領、定期的な支出を要する費用の支払
5　生活費の送金、生活に必要な財産の取得に関する事項及び物品の購入、代金の支払、その他の日常関連取引（契約の変更、解除を含む）
6　医療契約、入院契約、介護契約（介護保険制度における介護サービスの利用契約、ヘルパー・家事援助者等の派遣契約を含む）その他の福祉サービス利用契約、福祉関係施設入退所契約
7　緊急時の医療処置の承諾及び延命の判断と施術に関する承諾
8　要介護認定の申請及び認定に関する承認又は異議申し立て並びに福祉関係の措置（施設入所措置を含む）の申請及び決定に対する異議申し立て
9　シルバー資金融資制度、長期生活支援資金制度等の福祉関係融資制度の利用
10　登記済権利証、印鑑、印鑑登録カード、個人番号カード（いわゆるマイナンバーカード）、同通知カード、住民基本台帳カード、預貯金通帳、各種キャッシュカード、各種カード、有価証券・その預り証、年金関係書類、土地・建物賃貸借契約書等の重要な契約書類その他重要書類の保管及び各事項の事務処理に必要な範囲内の使用
11　居住用不動産の購入、賃貸借契約並びに住居の新築・増改築に関する請負契約
12　登記及び供託の申請、税務申告、各種証明書の請求
13　遺産分割の協議、遺留分減殺請求、相続放棄、限定承認

14　配偶者、子の法定後見(補助・保佐・後見)開始の審判の申し立て
15　新たな任意後見契約の締結
16　以上の各事項に関する行政機関への申請、行政不服申し立て、紛争の処理
17　復代理人の選任、事務代行者の指定
18　以上の各項目に関連する一切の代理業務

継続的見守り契約は、おもに一人暮らしで判断能力がしっかりしている高齢者との間で、定期的に訪問・連絡をとることにより、健康状態や生活状況などを把握し安全に生活できるようにサポートする契約です。何か困ったことが起きた場合の相談相手にもなることもできます。

この契約は、私文書による当事者間の合意のみで効力が生じ、内容も自由に定めることができます。

しかし、契約内容を確実に履行するためには、公証役場で公正証書により契約を作成しておいたほうがよいかもしれません。

［継続的見守り契約］では、認知症などによって判断能力が衰えたときは、前もってご本人の意思により、任意後見監督人が選任され、任意後見契約へと移行することもできます。また、同時に死後事務委任契約を結んでおくことも重要でしょう。

この「ひな形」を参考にして、公正証書の下書きをつくってみてください。

＋＋＋＋＋＋＋＋＋＋＋＋＋＋＋＋＋＋＋＋＋＋＋＋＋＋＋＋＋＋

2　継続的見守り契約公正証書

平成　　年　　月　　日

委任者○○○○（以下「甲」という）と、受任者○○○○（以下「乙」という）との間において、次の通り見守り契約（以下「本契約」という）を締結する。

［契約の目的］
第1条
甲は、乙に対し、甲と乙との間で本契約と同時に締結する任意後見契約及び死後事務委任契約に付随する契約として、任意後見契約が効力を生ずるまでの間の事務を委任し、乙はこれを受任する。

[契約期間]
第2条
契約期間は、契約締結の日から満1年間とする。
1 契約期間満了日の1か月前までに甲又は乙から相手方に対し何らの意思表示がないときは、同一条件でさらに1年間更新されるものとし、以後も同様とする。

[委任事務の範囲]
第3条
甲は、乙に対し、前項の任意後見契約が効力を生ずるまでの間に次の事務を乙に委任する。
1 乙は、毎月末に電話にて甲の心身の状態や生活の状況を確認する。
2 乙は、1か月に1回程度甲の住居場所を訪問して、甲の心身の状態や生活の状況を直接確認する。

[任意後見監督人の選任請求事務]
第4条
甲が精神上の障害により事理を弁職する能力が不十分な状況になったときは、乙は適切な時期に家庭裁判所に任意後見監督人の選任を請求しなければならない。

[費用の負担]
第5条
乙の本契約に基づいて発生した諸費用については、甲がこれを負担する。

[報酬]
第6条
乙の委任事務処理は、1か月金○円とする。

[契約の解除]
第7条
甲及び乙は、いつでも1か月の予告期間をもって本契約を解除することがで

きる。ただし、解除は公証人の認証を受けた書面によってしなければならない。

［契約の終了］
第8条
本契約は、次の場合に終了する。
1　第4条により、任意後見監督人が選任され、任意後見契約が効力を生じたとき
2　甲又は乙が死亡若しくは破産したとき
3　甲又は乙が後見開始、保佐開始若しくは補助開始の審判を受けたとき

財産管理等委任契約は、判断能力はあるが高齢、病気などにより身体の自由がきかなくなってきたご本人に代わって、財産の管理を行ってもらう人を決める契約です。預貯金の入出金、年金収入の管理、不動産の管理、家賃の支払い、公共料金・税金・医療看護費など日常生活上の支払いに関して等の財産管理の権限が認められています。しかし、処分行為はできません。ですから、この範囲内で委任したい事務を定めます。

また、財産管理等委任契約は認知症などによってご本人の判断能力が衰えたときには契約が終了します。その際には、あらかじめ決めておくことによってご本人の意思により、任意後見監督人が選任され、任意後見契約に移行することもできます。

この「ひな形」を参考に、公正証書の下書きをつくってみましょう。

このとき必要なことは依頼した人に"どのような事務を委任するのか"が、作成のポイントになります。

++++++++++++++++++++++++++++++++++

3　財産管理等委任契約公正証書

　　　　　　　　　　　　　　　　　　　平成　年　月　日

委任者○○○○（以下「甲」という）と、受任者○○○○（以下「乙」という）との間において、次の通り財産管理委任契約（以下「本契約」という）を作成する。

第1条［契約の目的］
甲は乙に対し、本日、甲の生活及び全財産の保全と管理を目的とする事務（以下「委任事務」という）を委任し、乙はこれを受任する。

第2条［任意後見契約との関係］

1 前条の委任契約（以下「本委任契約」という）締結後、甲が精神上の障害により事理を弁識する能力が不十分な状況になり、乙が別途甲・乙間で締結した任意後見契約による後見事務を行うことを相当と認めたときは、乙は家庭裁判所に対し、任意後見監督人の選任を請求する。
2 本委任契約は、前項の任意後見契約につき任意後見監督人が選出され、同契約が効力を生じたときに終了する。

第3条〔委任事務の範囲〕
甲は乙に対し、1条で定める甲に帰属する全財産について、次の事務を行うことを委任（以下、「本件委任事務」という）し、その事務処理のため代理権を付与し、乙はこれを受任する。

(1) 継続的管理業務
1 甲に帰属する全財産の管理・保存ならびにその果実の管理・保存
2 次の取引を含む金融機関とのすべての取引
　A. 預貯金に関するすべての取引（預貯金の管理、振り込み依頼・払い戻し、口座の変更・解約等。以下同じ）
　B. 預貯金口座の開設及び当座預貯金に関する取引
　C. 簡易保険に関する全ての取引・満期保険金・生命保険金・入院保険金・死亡保険金・解約還付金・貸付金の各支払い請求及び受領・保険証書の再発行請求及び受領・保険契約者の変更請求・その他、簡易保険契約の変更、解除等を含む一切の取引
　D. 貸金庫の取引
　E. 保護預かり取引
　F. 金融機関等とその他の取引
3 定期的な収入（家賃・地代・年金その他の社会保障給付等）の受領及びその手続き
4 定期的な支出（公共料金、保険料、税金、特別養護老人ホームの利用料）の支払い及びその手続き
5 当座のお小遣いの支払い
6 日用品の購入、その他日常生活に関する取引
7 証書等（登記済権利証・実印・銀行印）、その他これらに準ずるものの保

管及び事務処理に必要な範囲の使用

(2) その他の業務（上記の継続的管理業務以外の業務）
1 甲に帰属する全財産及び本契約締結後に甲に帰属する財産の変更・処分ならびにその果実の変更・処分
2 「(1) 継続的管理業務」記載事項以外の甲の生活、療養看護及び財産管理に関する一切の法律行為に関する代理業務
3 行政官庁に対する諸手続き（市区町村・社会保険庁に対する諸手続き・登記申請・供託の申請・税金の申告等）に関する一切の代理業務

第4条［費用の負担］
乙が本件委任事務を処理するために必要な費用は、甲の負担とし、乙は、その管理する甲の財産からこれを支出することができる。

第5条［報酬］
乙の本件委任事務処理は、1か月金○円とする。

第6条［報告］
1 乙は甲に対し、6か月ごとに、本件委任事務処理の状況について書面により報告する。
2 甲は乙に対し、いつでも本件委任事務処理状況につき報告を求めることができる。

第7条［契約の変更］
本委任契約に定める代理権の範囲を変更する契約は、公正証書によってするものとする。

第8条［契約の解除］
甲及び乙は、いつでも本委任契約を解除することができる。ただし、解除は公証人の認証を受けた書面によってしなければならない。

第9条［契約の終了］

本委任契約は、第2条第2項に定める場合のほか、次の場合に終了する。
1　甲又は乙が死亡し若しくは破産手続き開始決定を受けたとき。
2　乙が後見開始の審判を受けたとき。

死後事務委任契約は、ご本人が亡くなったとき、死後の事務について結んでおく契約です。任意後見契約を結んでいたとしても、本人の死によりこの契約は終了していますので、自動的に後見人が死後の事務を行うことはできません。事前に別に結んでおかねばならない契約なのです。

① 役所への死後の諸手続き
② 税金や電気・ガス・水道などのライフラインへの支払いや施設利用費の支払い
③ 葬儀・埋葬・納骨
④ 相続や遺品整理などの各事務

について委任します。

この契約は、当事者間の合意のみで効力が生じ、葬儀のあり方や内容などを自由に決めておくことができます。しかし、契約内容を確実に履行するには公証役場での公正証書により契約書を作成しておいたほうがよいかもしれません。この「ひな形」を参考にして、自分にとっての「死後事務委任契約書」をつくってみてください。

このときのポイントは、依頼した人（受任者）にどのような事務を具体的に委任するのか、ということです。

+++++++++++++++++++++++++++++++++++

4　死後事務委任契約公正証書

　本証人は、委任者○○○○（以下「甲」という）及び受任者○○○○（以下「乙」という）の嘱託により、次の法律行為に関する陳述の趣旨を録取し、この証書を作成する。

(契約の趣旨)
第1条
委任者甲と受任者乙とは、以下の通り死後事務委任契約を締結する。

(委任者の死亡による本契約の効力)
第2条
甲が死亡した場合においても、本契約は終了せず、甲の相続人は、委託者である甲の本契約上の権利義務を承継するものとする。
2　甲の相続人は、前項の場合において、第11条記載の事由がある場合を除き、本契約を解除することはできない。

(委任事務の範囲)
第3条
甲は、乙に対し、甲の死亡後における次の事務(以下、「本件死後事務」という)を委任する。
　(1) 通夜、告別式、火葬、納骨、埋葬に関する事務
　(2) 永代供養に関する事務
　(3) 老人ホーム入居一時金等の受領に関する事務
　(4) 別途締結した任意後見契約の未処理事務
　(5) 行政官庁等への諸届け事務
　(6) 以上の各事務に関する費用の支払い

(通夜・告別式)
第4条
前条の通夜及び告別式は、○○寺に依頼する。

(永代供養)
第5条
第3条の納骨及び埋葬は、○○寺にて行う。

(連絡)
第6条

甲が死亡した場合、乙は、速やかに甲が予め指定する親族等関係者に連絡するものとする。

（預託金の授受　預託金を設定する場合）
第7条
甲は、乙に対し、本契約締結時に、本件死後事務を処理するために必要な費用及び乙の報酬に充てるために、金○円を預託する。
2　乙は、甲に対し、前項の預託金（以下「預託金」という）について預かり証を発行する。
3　預託金には、利息をつけない。

（費用の負担）
第8条
本件死後事務を処理するために必要な費用は、甲の負担とし、乙は、預託金からその費用の支払いを受けることができる。

（報酬）
第9条
甲は、乙に対し、本件死後事務の報酬として、金○万円を支払うものとし、本件死後事務終了後、乙は、預託金からその支払いを受けることができる。

（契約の変更）
第10条
甲又は乙は、甲の生存中、いつでも本契約の変更を求めることができる。

（契約の解除）
第11条
甲又は乙は、甲の生存中、次の事由が生じたときは、本契約を解除することができる。
（1）乙が甲からの預託金を消費するなど信頼関係を破綻する行為をしたとき
（2）乙が健康を害し死後事務処理をすることが困難な状態になったとき
（3）経済情勢の変動など本契約を達成することが困難な状態になったとき

（契約の終了）
第 12 条
本契約は、次の場合に終了する。
　（1）乙が死亡又は破産したとき
　（2）甲と乙が別途締結した「任意後見契約」が解除されたとき

（預託金の返還、精算）
第 13 条
本契約が第 11 条（契約の解除）又は第 12 条（契約の終了）により終了した場合、乙は、預託金を甲に返還する。
2　本件死後事務が終了した場合、乙は、預託金から費用及び報酬を控除し残余金があれば、これを遺言執行者又は相続人若しくは相続財産管理人に返還する。

（報告義務）
第 14 条
乙は、甲に対し、1 年ごとに、預託金の保管状況について書面で報告する。
2　乙は、甲の請求があるときは、速やかにその求められた事項につき報告する。
3　乙は、遺言執行者又は相続人又は相続財産管理人に対し、本件死後事務終了後 1 か月以内に、本件死後事務に関する次の事項について書面で報告する。
　（1）本件死後事務につき行った措置
　（2）費用の支出及び使用状況
　（3）報酬の収受

（免責）
第 15 条
乙は本契約の条項に従い、善良な管理者の注意を怠らない限り、甲に生じた損害について責任を負わない。

尊厳死宣言書は、人間としての尊厳をもって自然な形での死を迎えたいという本人の意思を、医師に提示するものです。医療機械による植物人間状態での延命を拒否し、人間らしく死ぬことを意味します。極めて重要なものですので、できれば公証役場での公正証書により宣言書を作成しておいたほうがよいかもしれません。

　以下の「ひな形」は筆者が親しくしている某弁護士法人の記載例から了承を得て借用しました。この「ひな形」を参考にして、下書きをつくることもできます。

＋＋＋＋＋＋＋＋＋＋＋＋＋＋＋＋＋＋＋＋＋＋＋＋＋＋＋＋＋＋＋＋

5　尊厳死宣言公正証書

　本公証人は、尊厳死宣言者○○○○の嘱託により、平成○○年○月○日、その陳述内容が嘱託人の真意であることを確認の上、宣言に関する陳述の趣旨を録取し、この証書を作成する。

第１条　私○○○○は、私が将来病気に罹り、それが不治であり、かつ、死期が迫っている場合に備えて、私の家族及び私の医療に携わっている方々に以下の要望を宣言します。
　１　私の疾病が現在の医学では不治の状態に陥り既に死期が迫っていると担当医を含む２名以上の医師により診断された場合には、死期を延ばすためだけの延命措置は一切行わないでください。
　２　しかし、私の苦痛を和らげる処置は最大限実施してください。そのために、麻薬などの副作用により死亡時期が早まったとしてもかまいません。
第２条　この証書の作成にあたっては、あらかじめ私の家族である次の者の了解を得ております。

妻	○ ○ ○ ○	昭和	年	月	日生
長男	○ ○ ○ ○	平成	年	月	日生
長女	○ ○ ○ ○	平成	年	月	日生

私に前条記載の症状が発生したときは、医師も家族も私の意思に従い、私が人間として尊厳を保った安らかな死を迎えることができるよう御配慮ください。

第3条　私のこの宣言による要望を忠実に果してくださる方々に深く感謝申し上げます。そして、その方々が私の要望に従ってされた行為の一切の責任は、私自身にあります。警察、検察の関係者におかれましては、私の家族や医師が私の意思に沿った行動を執ったことにより、これら方々に対する犯罪捜査や訴追の対象とすることのないよう特にお願いします。

第4条　この宣言は、私の精神が健全な状態にあるときにしたものであります。したがって、私の精神が健全な状態にあるときに私自身が撤回しない限り、その効力を持続するものであることを明らかにしておきます。

【解説】
（第1条関係）
　1　この証書の核心部分で、延命治療の差し控え、中止の宣言と併せて苦痛除去のための麻薬などの使用による死期の早まりの容認を述べています。
　2　延命治療の差し控え、中止（尊厳死）が許容される場合として大方の意見の一致をみているのは、医学的所見により不治の状態にあり、死期が迫っていて、延命治療が人工的に死期を引き延ばすだけという状態にある場合です。したがって、植物状態になっただけでは、それがある程度継続していても、尊厳死を許容することについては、現状では問題が多く、公正証書化は無理かと思われます。

（第2条関係）
　医療の現場では、延命治療の差し控え、中止をするのか否かの判断に当たっては、本人の意思のほか、家族の了承が重んじられている現状にあるので、できれば、この文例にあるようにあらかじめ家族の了承を得ておくのが望ましいのです。

（第3条関係）
　医療現場においては、刑事訴追を懸念するあまり、尊厳死宣言に対し、過剰に拒否的態度に出る医師もないとは限りませんので、この文例では、嘱託

人が、その指示に従って医療をしてくれた医師等を捜査や訴追の対象にしないことを望むとの記載をしておくこととしたものです。

（第4条関係）
　延命医療の差し控え、中止の意思は、治療行為の当時になければならないため、宣言が有効に撤回されない限り宣言の効力が持続している旨述べているのです。

遺言公正証書でのなしうる行為は、認知・後見人の指定・相続人の廃除・遺贈・寄付行為・相続分の指定・遺産分割方法の指定・その他法律で定められているものに限られます。その中でも「遺言公正証書」は、原本が公証役場に保管されるため、紛失や改ざんの心配がありません。

　以下の「ひな形」を参考に、遺言公正証書の下書きをつくってみましょう。

++++++++++++++++++++++++++++++++++++
6　遺言公正証書

配偶者も子どももいない人の遺言例で、兄弟姉妹等法定相続人に財産を相続させ、遺言執行者を指定するというケースで書かれている遺言書です。

遺言書

　本公証人は、平成〇〇年〇月〇日、遺言者〇〇〇〇の嘱託により、証人某、同某の立会いのもとに遺言者の下記遺言の趣旨の口述を筆記し、この証書を作成する。

記

第1条
遺言者は、遺言者の有する一切の財産を、〇〇〇〇（遺言者の〇〇、昭和〇〇年〇〇月〇〇日生）に2分の1、〇〇〇〇（遺言者の〇〇、昭和〇〇年〇〇月〇〇日生）に2分の1の割合により相続させる。

第2条
前項の相続人両名は、遺言者が亡くなった後は、祭祀主宰者として、遺言者

の葬儀・納骨・永代供養に関する一切の死後事務を行うとともに、回忌ごとに遺言者の法要を行うものとする。

第3条
遺言者は、この遺言の遺言執行者として下記の者を指定する。

［遺言執行者］
1　〇〇県〇〇市〇〇町1番地の1
　　〇〇〇〇（昭和〇〇年〇〇月〇〇日生）
2　遺言者は、遺言者の死亡以前に上記〇〇〇〇が死亡したときは、この遺言の執行者として次の者を指定する。
　　〇〇県〇〇市〇〇町3番地の3
　　〇〇〇〇（昭和〇〇年〇〇月〇〇日生）
3　遺言執行者は、相続財産に含まれる預貯金債権の名義変更・解約・払い戻し、その他にこの遺言を執行するために必要な一切の権限を有する。
　　遺言者の有する不動産全部を任意に売却し、現金化すべきものとする。その際、買主名義への所有権移転登記とその前提としての相続登記において相続人の代理人として申請手続きができるものとする。
4　遺言執行者に対する報酬は、相続開始時の遺言者の有する相続財産の合計金額の〇％とし、遺言者名義の預貯金より優先的に支出できるものとする。

平成〇〇年〇〇月〇〇日
住所　　〇〇市〇〇町10番地10
遺言者　〇〇〇〇　印

（附言事項）
遺言者は、これまで次男と三男の世話になってきたことに鑑み、自宅不動産を次男の二郎と三男の三郎に残そうとするものである。また、遺言者は、遺言者の財産をきちんと執行してもらうために遺言執行者を定めた。法定相続人はこれらの遺言の趣旨をよく理解して遺言執行者の指示に従ってほしい。

［解説］
　配偶者や子どもがいない場合の相続では、親も存命していないことが多いので、多くの場合は兄弟姉妹が法定相続人となります。兄弟姉妹のうち死亡した人がいる場合には、その子（甥、姪）が代わって相続人になります。つまり、法定相続人がどんどん広がり複雑になっていきます。したがって、自分の意思にそって相続手続きを円滑に進めるためには、そのことがきちんとできる遺言執行者を指定することが肝要です。

それでは最後に92ページの「②　医療機関への情報提供」のところで述べた、「医療サービスに関する私の意思」の内容について紹介しておきましょう。

++++++++++++++++++++++++++++++++

「○○の会」安心計画
医療サービスに関する私の意思

> この「私の意思」は以下の場合に本人の意向としてお使いください。
> ①　意識のないとき
> ②　判断能力が低下し、本人の意思が確認できないとき
> ※ただし、入院後に本人の意識が戻りご自身で意向を伝えられる場合は、「○○の会」の担当者立ち会いのもと、意向の確認を改めて行わせていただきます。

― 問い合わせ先 ―
　　　　　　○○法人　「○○の会」

住所

TEL：

> この「私の意思」は、意識不明等の状態で医療機関に搬送されたとき、または判断能力の低下したときなど、ご自身で医療に関する希望を伝えられないときに使うものです。選択肢の中に、「担当医の判断にお任せしますが、担当安心計画支援員にご相談ください」とありますが、こちらを選択されたとしても担当安心計画支援員は医療に関する同意はできませんのであらかじめご了承ください。

> 1. 検査について
> 強い痛み、意識不明などの症状になり、救急車で医療機関に搬送されました。
> その原因を調べるために、下記の検査を必要とします。検査を受けますか？

【一般的な検査（採血・検尿・レントゲン等）】
☐検査をすることに同意します
☐担当医の判断にお任せしますが、担当安心計画支援員ともご相談ください
☐検査することを拒否します

【手術室で行う検査（麻酔や造影剤（例：MRI）などを使った検査等）】
☐検査することに同意します
☐担当医の判断にお任せしますが、担当安心計画支援員ともご相談ください
☐検査することを拒否します

> 2. 治療について
> 検査の結果、入院が必要と診断されました。入院をすることで、状態がよく
> なる可能性が高いということです。入院し治療しますか？

【短期間の入院（おおむね1週間以内）が必要な治療に対する意思】
☐必要な治療に同意します
☐担当医の判断にお任せしますが、担当安心計画支援員ともご相談ください
☐治療を拒否します

【長期間の入院（おおむね1週間以上）が必要な治療に対する意思】
☐必要な治療に同意します
☐担当医の判断にお任せしますが、担当安心計画支援員ともご相談ください
☐治療を拒否します

> 3. 手術について
> 検査の結果、入院・手術の必要があると診断されました。手術をすることで状態が良くなる可能性が高いということです。しかし、手術をすることの危険性もあります。手術をしますか？

【短期間の入院（おおむね1週間以内）が必要な手術に対する意思】
□必要な手術に同意します
□担当医の判断にお任せしますが、担当安心計画支援員ともご相談ください
□手術を拒否します

【長期間の入院（おおむね1週間以上）が必要な手術に対する意思】
□必要な手術に同意します
□担当医の判断にお任せしますが、担当安心計画支援員ともご相談ください
□手術を拒否します

> 4. 自己負担の大きな医療費について

【個室の利用に対する意思】
□不動産、家財等の処分をするなど、全財産を活用して個室を希望します
□預金残高がなくなるまで個室を希望します
□利用を希望しません
※多床室を希望されてもベッドに空きがなく、病院側の都合で個室対応になった場合は、多床室料金となる。

【高度先進医療等、自己負担の大きなサービスや医療の利用に対する意思】
□担当医の判断にお任せしますが、担当安心計画支援員ともご相談ください
□不動産、家財等の処分をするなど、全財産を活用して実施してください
□預金残高がなくなるまで実施してください
□利用を希望しません
高度先進医療……臓器移植手術や遺伝子治療など、特別に定められた治療のことを指す。そして、高度先進医療にかかる「特別料金」は全額自己負担となる。

5. 延命措置等

【心肺蘇生措置など延命をするための治療を受ける意思】
□積極的に治療をしてください
□担当医の判断にお任せします
□延命治療は希望しません
心肺蘇生措置……心臓マッサージ、気管挿管、気管切開、人工呼吸器の装着、昇圧剤の投与などを指す。延命措置をした場合、途中で延命措置を中止することはできないケースが多いようだ。その結果として、寝たきりのまま何年にも及ぶこともある。

6. その他

【告知への希望　（病名・余命などについて）】
※このことは意識があるとき、判断能力のあるときにお伝えする内容です。
□病名と余命の両方を教えてください
□病名のみ教えてください
□両方を私には教えないでください
　（代わりに伝えてほしい人がいればその人の名前　　　　　　　）

【尊厳死協会等に加入していますか？】
□している　→　団体連絡先
　（名称：　　　　　　　　　　連絡先（TEL）　　　　　　　）
□していない

【臓器提供・献体等の希望】
健康保険証、運転免許証への意思表示、献体登録をされていますか？
□している　→　団体連絡先
　（名称：　　　　　　　　　　連絡先（TEL）　　　　　　　）
□していない

【葬儀会社の指定】
◎私が貴院にて死亡した際は「○○の会」＿＿＿＿＿＿＿＿＿支部、
電話＿＿＿＿＿＿＿＿＿＿＿にご連絡ください。
◎私の葬儀については、以下の対応に同意いたします。
□下記寺院への連絡
　連絡先
　（名称：　　　　　　　　　連絡先（TEL）　　　　　　　）
□その他　→　具体的に　　例：献体登録をしているので、○○大学
　　　　　　　　　　　　　　　へご連絡ください

【その他、特に希望する事項など】
上記では伝えきれないお気持ちがあれば直筆でお書きください。

┌─────────────────────────────────────┐
│   │
│   │
│   │
│   │
│   │
└─────────────────────────────────────┘

　　　　　　　　　　　　　平成　　年　　月　　日

以上、私＿＿＿＿＿＿＿＿＿＿＿の意思に相違ありません。　　印

【著者紹介】
田代尚嗣(たしろ・なおつぐ)

昭和42年学習院大学法学部卒。リーダーズダイジェスト社、サイマル出版会を経て、現在、冠婚葬祭互助会、葬儀社、寺院、税理士向けの小冊子などを出版販売する会社経営(アピカル・プランズ社)のかたわら著述業。季刊『霊園情報』元編集主幹。仏教関係書を多数執筆。

また、高齢者問題にも詳しく、「エンディングノート」と呼ばれる、自分に万が一のことが起こったときのために、家族に伝えておくべき事項をノート形式でまとめておく冊子を、日本で最初に広めたことでも知られている。

主な著書として『面白いほどよくわかる仏教のすべて』(日本文芸社)、『はじめての仏教入門』『お墓のすべてがわかる本』(以上新星出版社)、『いまから始める「シニア人生」安心計画』(三笠書房)など多数。

ここ数年は、「エンディングノートがなぜ必要なのか」、「独居高齢者支援の仕組みのつくり方」などのテーマについての講演活動も行っている。

独居の人たちのお一人さま安心計画ノート
初版1刷発行●2017年11月25日

著者
田代尚嗣

発行者
薗部良徳

発行所
㈱産学社
〒101-0061 東京都千代田区三崎町2-20-7 水道橋西口会館
Tel.03(6272)9313　Fax.03(3515)3660
http://sangakusha.jp/

印刷所
㈱ティーケー出版印刷

©Naotsugu Tashiro 2017, Printed in Japan
ISBN978-4-7825-3484-7　C2036

乱丁、落丁本はお手数ですが当社営業部宛にお送りください。
送料当社負担にてお取り替えいたします。
本書の内容の一部または全部を複製、掲載、転載することを禁じます。